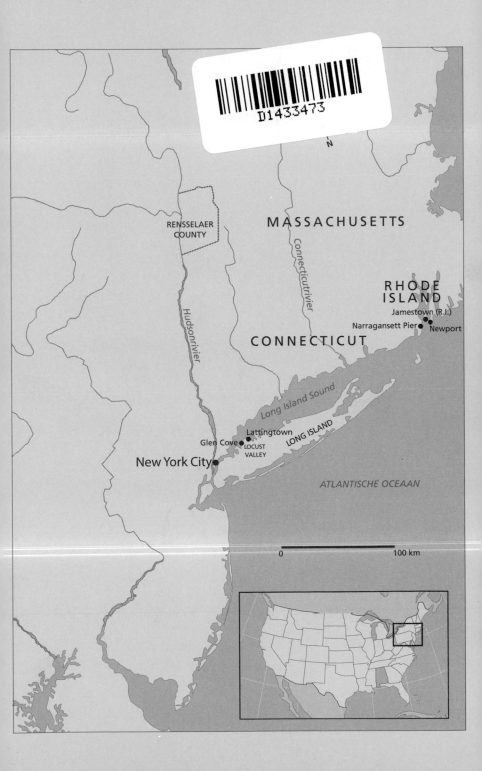

RENSSELAER
COUNTY

MASSACHUSETTS

Connecticutrivier

RHODE
ISLAND

Hudsonrivier

Jamestown (R.I.)
Narragansett Pier
Newport

CONNECTICUT

Long Island Sound

Lattingtown
Glen Cove
LONG ISLAND
LOCUST
VALLEY
New York City

ATLANTISCHE OCEAAN

0   100 km

De Amerikaanse prinses

Stamboom

Charles Tew (1849-1925) x Jennette Smith (1840-1923)

Allene Tew (1872-1955) x 1891 Tod Hostetter (1870-1902)

Greta (1891-1918)   Verna (1893-1895)   Ted(dy) (1897-1918)

x 1904 Morton Nichols (1870-1932)

x 1912 Anson Burchard (1865-1927)
Kitty Cohu-Kimball (1897-1977)
Jane Miller-Moinson (1901-?)
Julia Rosewater-Warner (1875-1964)

x 1929 Henry Reuss (Heinrich xxxiii
prins Reuss, 1879-1942)
Marlisa (Marie Luise prinses Reuss, 1915-1985)
Heiner (Heinrich II prins Reuss, 1916-1993)

x 1936 Paul Kotzebue (Pavel Pavlovitch graaf (de)
Kotzebue, 1884-1966)

Annejet van der Zijl

De Amerikaanse prinses

Amsterdam · Antwerpen
Em. Querido's Uitgeverij BV

Voor Sefanja Nods,
in vriendschap

Eerste, tweede (e-book), derde, vierde en vijfde druk, 2015

Copyright © 2015 Annejet van der Zijl
Voor overname kunt u zich wenden tot Em. Querido's
Uitgeverij BV, Spui 10, 1012 WZ Amsterdam.

Omslag Brigitte Slangen
Omslagbeeld Frances Benjamin Johnston/Library of Congress
Foto auteur Anja van Wijgerden
Kaart Yde Bouma

ISBN 978 90 214 0073 0 / NUR 301/320
www.querido.nl
www.annejetvanderzijl.com

Wij beschouwen deze waarheden als vanzelfsprekend:
dat alle mensen als gelijken worden geschapen, dat
zij door hun schepper met zekere onvervreemdbare
rechten zijn begiftigd, dat zich daaronder bevinden
het leven, de vrijheid en het nastreven van geluk.
Thomas Jefferson, *Declaration of Independence,*
4 juli 1776

Het leven kan alleen achterwaarts begrepen worden,
maar het moet voorwaarts worden geleefd.
Søren Kierkegaard, *Die Tagebücher 1834-1855*

Wij zijn allemaal slechts mens geworden in de mate
waarin we van mensen hebben gehouden en in de
gelegenheid waren van ze te houden.
Boris Pasternak

Inhoud

Proloog

De Blauwe Kamer 1

winter 1954-1955

Stel je voor: een oude vrouw en de zee. De vrouw was oud, en geen schim meer van de schoonheid die ze ooit was geweest. De zee was koud en wild en leek in niets op de blauwe idylle van de zomer. En het huis waar ze verbleef was ooit gebouwd als vakantieverblijf en helemaal niet geschikt om er de winter in door te brengen – laat staan om er ziek te zijn, of om er te sterven. Ouderdom en ziekte zijn slopers van individualiteit. Zoals baby's op elkaar lijken, gaan mensen dat aan het eind van hun leven ook doen. Alleen degenen die blijven waar ze opgroeien, ontsnappen nog enigszins aan dit lot. Tenminste, zolang er nog mensen om hen heen zijn die weten hoe ze ooit, in de bloei van hun leven, waren. Maar deze vrouw was niet gebleven waar ze was geboren. Integendeel. Ze had zich juist, door het lot, door haar onrust of door een combinatie van de twee, voort laten jagen over de wereld. En nu was ze aangespoeld in een rammelend en tochtig zeepaleis aan de andere kant van de aardbol en was er niemand meer die kon getuigen van haar jeugd of van haar schoonheid, van haar eerdere levens en liefdes, van haar doden of van die fantastische, dramatische, veel-kleurige film die haar leven was geweest.

Dag en nacht beukten de golven tegen de rotsen onder het huis. En boven, in de Blauwe Kamer, woedde, even onstuimig en hardnekkig, de ziekte. Langzamerhand kromp het leven ineen tot een kwestie van maanden, weken, dagen; de volgende minuut, de volgende ademtocht. Zolang ze maar bleef ademen, leefde ze nog. Zolang ze 's nachts wakker werd en de zee hoorde, was ze er nog.

Eigenlijk bestond degene die ze écht was nu alleen nog maar in het stapeltje vergeelde foto's naast haar bed. En in haar herinneringen, ronddansend tussen de aanstormende en weer wegebbende golven van zee en pijn; opflakkerend in de vlammen van het haardvuur, dat die laatste maanden dag en nacht aan gehouden werd. Want als je geen toekomst meer hebt, wat blijft er anders over dan dromen van het verleden?

I

De blokhut van oom George

Groen – dat was de kleur van het landschap van Allenes jeugd. Van het tere groen in de lente, als de jonge blaadjes zich als vitrage over de bomen uitspreiden, tot het donkere, zware groen van het gebladerte in de nazomer. Van het felle groen van de beuk tot het grijzige blauwgroen van de spar, met daartussen de weer heel andere tinten van kastanjes, esdoorns, kersen en walnootbomen, berken – het geheel als één natuurlijk arboretum gedrapeerd over de heuvels rond het Chautauquameer. Tot die bomen in de herfst, bijna van de ene dag op de andere, collectief uitbarstten in een feest van rood, oranje en geel, om vervolgens te verschrompelen in de vrieskou die inviel vanuit Canada en de donkere winterstormen die kwamen aanjagen over de grote watervlaktes van het Eriemeer.

Dan staken alleen de toppen van al die bomen nog uit boven de metersdikke lagen sneeuw. Het meer verstarde tot een stille zwarte spiegel en de heuvels verwerden tot een landschap in zwart-wit, met slechts het felle rood van een wegschietende vos om de mensen eraan te herinneren dat er nog kleur bestond. En dan werden de vuren in de onder hun dikke sneeuwdekens weggedoken huizen dag en nacht brandende gehouden, om het de bewoners mogelijk te maken de strenge winters hier in het noorden van Amerika te kunnen overleven. En met dat vuur begon het verhaal van Allene Tew en haar familie in Jamestown. En, bijna tegelijkertijd, dat van het plaatsje zelf. Want de Tews behoorden tot de pioniers, tot de eerste jonge avonturiers die het aandurfden om hun toekomst te bouwen in de toen nog ondoordringbare en gevaarlijke wildernis rond het meer.

Het allereerste begin werd gelegd door zes huifkarren en één familie, Prendergast geheten. In 1806 trokken ze, inclusief kinderen en aanhang in totaal negenentwintig man sterk, weg uit Rensselaer County, een streek in het oosten van de staat New York, om op zoek te gaan naar nieuwe kansen en vooral naar vruchtbare, nog niet door anderen geclaimde grond. Eigenlijk waren de Prendergasten van plan door te reizen naar de grote lege vlaktes van Kansas en Nebraska, waar grond gratis werd weggegeven aan hen die de volharding hadden om zich daar vijf jaar lang in leven te houden.

Onderweg pauzeerde het gezelschap echter bij een prachtig gelegen, langwerpig meer in Chautauqua County. Ze werden aangesproken door een agent van de Holland Land Company, een Nederlands bankenconglomeraat dat hier enkele jaren eerder meer dan drie miljoen *acres*, meer dan een miljoen hectare, had gekocht en het nu in delen aan pioniers trachtte te slijten.

'Kijk,' zei de agent, 'kijk om je heen: dit is the paradise of the New World.'

En inderdaad, de Schepper had wel bijzonder Zijn best gedaan op dit stukje van de wereld. De heuvels om het meer waren groen en vruchtbaar, zonder de moerassen of kale bergmassieven die in andere streken vaak zulke hinderpalen vormden. De zomers waren nat en warm, perfect voor de landbouw. Het achttien mijl lange Chautauquameer zelf zat barstensvol vis, vooral snoek en baars. En in de onontgonnen wildernis eromheen wemelde het van de pelsdieren en allerlei eetbaar wild, zoals bevers, beren, otters, vossen, wolven en herten, zelfs wilde katten en panters. Wat betreft vogels was dit gebied al helemaal ongeëvenaard; vooral in het najaar werd het zicht op het water je bijna ontnomen door de talloze fladderende troepen eenden, kraanvogels, reigers en zwanen.

En dus veranderde de familie uit Rensselaer County haar plannen. De huifkarren werden verankerd, de handtekeningen gezet. In totaal kochten de Prendergasten 3337 acres, bijna 1400 hectare, aan de noordkant van het Chautauquameer om er hun nieuwe leven op te bouwen.

Het was hun jongste zoon, James Prendergast, die enkele jaren later, op zoek naar een stel weggelopen paarden, een vlak stuk grond ontdekte rond stroomversnellingen in de Chadakoinrivier, zo'n drie mijl ten zuiden van het meer. Met zijn achttien jaar was hij nog minderjarig, maar al net zo ondernemend als de rest van zijn familie, en hij liet een oudere broer duizend acres kopen voor twee dollar per stuk. In de zomer van 1811 bouwde James samen met een knecht een door water aangedreven houtmolen boven de rivier, met daarnaast een blokhut, waar hij ging wonen met zijn jonge vrouw Nancy. De houthakkers die voor hem werkten bouwden hun eigen, nog primitievere blokhutjes eromheen.

Daarmee was – want zo simpel ging dat in deze jaren in Amerika – de geboorte van Jamestown een feit.

13

*

Gemakkelijk was het niet, in het begin. Het leven in de wildernis was hard en gevaarlijk, niet alleen vanwege de beren en andere wilde beesten, maar ook vanwege de nog altijd rondzwervende nazaten van de Iroquois en Seneca, woeste en om hun wreedheid bekendstaande indianenstammen. Dit gebied was hun domein geweest totdat ze in de achttiende eeuw door Franse kolonisten waren verdreven.

De winters waren lang en eenzaam en brachten weer nieuwe gevaren met zich mee – zo werd het hele kampement inclusief molen tot twee keer toe door brand verwoest. Maar de pioniers waren jong en vastberaden en bouwden hun minidorpje aan de Chadakoinrivier iedere keer weer van de grond af aan op. Twee broers van James organiseerden een provisorisch en onregelmatig bevoorrad kruidenierszaakje, een veteraan uit de Onafhankelijkheidsoorlog bouwde een pottenbakkerij annex taverne, een timmerman uit Vermont improviseerde een timmermanswerkplaats, en kort daarop arriveerden ook de gebroeders Tew, die een stukje grond leegkapten en er een smederij op zetten.

George en William Tew waren eveneens afkomstig uit Rensselaer County. Via brieven die de Prendergasten aan de achterblijvers hadden geschreven, waren ze geattendeerd op het veelbelovende nederzettinkje diep in het bos. George was eenentwintig jaar oud en was smidsknecht van beroep. Zijn vier jaar jongere broer William was opgeleid als schoenlapper, maar beheerste ook nuttige vaardigheden als spinnen, naaien en meubels maken.

Terwijl de Tew-broers hun blokhut bouwden, temden de

houthakkers, meter voor meter, boom voor boom, het woud. Dag aan dag klonk het geluid van hakken en zagen, af en toe onderbroken door geschreeuw, gekraak en de allerlaatste zucht van de zoveelste woudreus die omver werd gehaald. Nadat de bomen ontdaan waren van zijtakken en schors, werden ze via de rivier naar de molen gebracht en daar tot balken en planken verzaagd. Vervolgens werd het hout samen met andere handelswaar, zoals pelzen, gezouten vis en ahornsiroop, met kano's of *keelboats* – lange, met stokken voortgeduwde vaartuigen – vervoerd naar de grote steden aan de rivieren in het zuiden.

Voor de terugweg werden de boten volgeladen met alles waar de bosbewoners behoefte aan hadden en wat ze niet zelf konden maken, zoals gereedschap en spijkers, spek, suiker, zout en gedroogd fruit. Ook tabak en vele flessen Monongahela Rye, de berucht stevige whiskey die gemaakt werd bij Pittsburgh, ontbraken niet. Evenmin als nieuwe potentiële inwoners, enthousiast gemaakt door de verhalen van de Jamestowners.

James Prendergast had zijn grondgebied inmiddels verdeeld in *lots*, stukken grond van 50 bij 120 voet, die hij voor vijftig dollar per stuk aan nieuwkomers verkocht. Over de Chadakoin werd een primitieve brug gebouwd en het dwars op de rivier liggende zandpad kreeg de voor de hand liggende naam Main Street, Hoofdstraat. De kruisende karrensporen ter linker- en rechterzijde werden, al even prozaïsch, First Street, Second Street enzovoort genoemd.

Aanvankelijk functioneerde James als rechter, postmeester en onofficiële burgemeester, maar toen het inwonertal van zijn blokhuttendorp in 1827 de vierhonderd overschreed, organiseerden de inwoners de eerste verkiezing voor een dorpsbestuur. Smid George Tew was een van de weinige inwoners van het plaatsje die de kunst van het lezen en schrijven machtig was. Hij werd tot dorpsklerk gekozen. Zijn eerste taak was het op papier vastleggen van de rechten en plichten van zijn dorpsgenoten. Broer William werd benoemd tot tweede man bij de brandweer, de eerste collectieve taak die het kersverse bestuur op zich nam.

*

In de jaren die volgden groeide de nederzetting onstuimig. De industriële revolutie woei over de wereld en pakte vooral gunstig uit voor eerder onaantrekkelijke gebieden als deze, waar bossen voor ongelimiteerde hoeveelheid brandstof zorgden en de vele rivieren en riviertjes voor een natuurlijk transportnetwerk. De komst van de stoomboot maakten de kano's en de keelboats overbodig en zorgde voor geregelde verbindingen met de buitenwereld, iets wat de aantrekkingskracht van het bosdorp nog verder vergrootte.

Op de leeggekapte plekken tegen de heuvels vestigden zich nu ook boeren – veelal Scandinaviërs, die van huis uit bestand waren tegen het isolement, de primitieve omstandigheden en de lange winters in dit nog altijd woeste land. Zij introduceerden veeteelt, fruitboomgaarden, bijenkasten, tabaksplanten en de kunst van de houtbewerking. Na verloop van tijd verrezen er zelfs heuse meubelfabriekjes op het vlakke land beneden bij de rivier, dat om onduidelijke redenen Brooklyn Square was genoemd en zich had ontwikkeld tot het commerciële hart van Jamestown.

George Tew, ondertussen, beviel zijn functie als dorpsklerk zo goed dat hij het gezwoeg in de roetige en hete smidse eraan gaf en in de leer ging bij de enige advocaat in de wijde omgeving. Na enkele jaren als diens partner gefunctioneerd te hebben, werd hij in 1834 verkozen tot County Clerk, een van de belangrijkste bestuursfuncties in de streek. Dat betekende dat hij en zijn vrouw en kinderen verhuisden naar het ambtenarenstadje Mayville, aan de noordpunt van het Chautauquameer.

De smederij op de hoek van Main en Third Street bleef achter in de eeltige handen van broer William, die inmiddels ook een gezin had gesticht. Ook verder hoefde hij zich niet eenzaam te voelen: zowel vader Tew als zijn vijf zussen hadden zich vanuit Rensselaer County in Jamestown gevestigd. Want de zaken gingen goed – zo goed dat William in 1847 kon verhuizen naar een stenen huis annex winkel en werkplaats op de hoek van Main en Second Street, vlak bij Brooklyn Square. Hij nam een van zijn zwagers erbij als partner, huurde een knecht in voor het zware werk en herdoopte de smederij in het deftig klinkende W.H. Tew's Copper, Tin and Sheet Iron Factory and Stove Store. Zijn vrouw kreeg een Duits dienstmeisje om haar bij te staan in het drukke gezin met zes kinderen.

Later zou de man die Allenes grootvader zou worden in een almanak geprezen worden om zijn 'high character'. William Tew was, aldus zijn biograaf, een trouw familieman, een overtuigd republikein en een toegewijd lid van de presbyteriaanse kerk. Daarnaast was hij de oprichter van de eerste geheelonthoudersvereniging van Jamestown. Om voor de hand liggende redenen minder bekend was de actieve rol die hij speelde in de

Underground Railroad, een burgernetwerk dat ontsnapte slaven van de plantages in het Zuiden naar Canada smokkelde.

Als een van de weinige middenstanders adverteerde William zelfs openlijk in de *Liberty Press*, de krant van de antislavernijbeweging, die vooral sinds de verschijning van *De negerhut van Oom Tom* in 1852 grote aanhang had verworven onder de ontwikkelde burgerij in Noord-Amerika. Geheel gevaarloos waren dit soort activiteiten niet: er stond duizend dollar boete plus gevangenisstraf op het helpen van vluchtelingen, en slavenhouders kwamen hun weggelopen bezit desnoods tot in Jamestown opsporen en opeisen. Maar de voormalige schoenlappersknecht was intussen een gezeten en algemeen geacht burger: hij kon zich de luxe van principes veroorloven.

*

De ster van Williams broer George steeg zelfs tot nog grotere hoogtes. Hij had het provinciaal bestuur al snel weer achter zich gelaten en maakte als directeur van de Silver Creek Bank nu deel uit van het meest invloedrijke groepje *movers and shakers* in Chautauqua County. En datgene waar deze zakenmensen het hardst voor lobbyden, was de aansluiting van hun regio op het spoorwegennet, dat zich in deze jaren als het web van een dronken spin over de kaart van Noord-Amerika uitbreidde.

En met resultaat. Op 25 augustus 1860 zagen de Jamestowners een schouwspel dat ze hun leven lang niet meer zouden vergeten. In de woorden van de dolenthousiaste verslaggever van de *Jamestown Journal*: 'Het eerste ijzeren paard dat zich ooit verwaardigde ons stadje aan te doen, reed majestueus over de brug van de Hoofdstraat.'

In feite was het maar een klein treintje dat die dag het nog zeer provisorische stationnetje van Jamestown kwam binnen geboemeld, maar een groot wonder was het toch. Via de Atlantic and Great Western Railroad lag er nu een rechtstreekse verbinding met steden als New York, Chicago en Pittsburgh. Letterlijk binnen één levensspanne was het primitieve, slechts per paard of kano bereikbare blokhuttendorpje uitgegroeid tot een stad van de wereld.

De spoorlijn gaf vleugels aan de houtbewerkingsindustrie en meubels uit Jamestown werden al snel in de hele Verenigde Staten een begrip. Ook de textielindustrie floreerde en alsof de goden de inwoners nog niet gunstig gezind genoeg waren, kregen ze er ook nog een lucratief en geheel gratis exportproduct bij in de vorm van grote ijsblokken, die 's winters uit het bevroren Chautauquameer werden gehakt en per trein naar reusachtige ijshuizen in de grote steden werden vervoerd. Daarmee speelde het meer indirect een rol in de revolutie die de introductie van gekoelde etenswaren in de keuken veroorzaakte, en het grote succes dat Amerika daarmee kreeg op de mondiale voedselmarkt.

Even leken politieke ontwikkelingen nog een struikelblok te worden in Jamestowns succesverhaal, want in april 1861 brak na jaren van oplopende spanningen tussen de noordelijke en de zuidelijke staten de Amerikaanse Burgeroorlog uit. De ideologische aanleiding was de slavernij, maar in feite draaide het conflict, zoals zo vaak het geval is bij oorlogen, vooral om de vraag wie de economische en politieke macht in handen had. En dat waren de noordelijken. Nadat ze aanvankelijk de onderliggende partij waren geweest, wisten ze in 1863 tijdens de drie dagen durende veldslag bij Gettysburg de kansen te keren.

Op 9 april 1865 was de eindoverwinning een feit. De slavernij werd afgeschaft en de zuidelijke staten raakten een groot
deel van hun economische bestaansrecht en politieke slag-
kracht kwijt. De inkt op de capitulatieovereenkomst was nog
maar nauwelijks droog of de economie in het Noorden bloeide alweer als nooit tevoren. Het bankwezen, dat de militaire
inspanningen had gefinancierd, had uitstekende zaken gedaan
tijdens de oorlog en de nog altijd ondernemende George Tew
zette samen met zijn vijf volwassen zonen een eigen bank op.
The Second National Bank of Jamestown maakte de voormalige smidsknecht op zijn oude dag tot een van de rijkste mannen van Jamestown. Hij was des te invloedrijker omdat zijn
zonen er elk voor zich in slaagden te trouwen met meisjes uit
de meest prominente families van de streek, zoals de Prendergasten.

Al even succesvol in werk en huwelijk was Harvey, de oudste zoon van William Tew. Na zeventien jaar bij zijn vader in
de zaak te hebben gewerkt, stichtte hij in 1870 een rubberfa-
briek met zijn zwager, Benjamin F. Goodrich. Naar verluidt
was het duo op het idee gekomen door de grote branden die
het nog steeds grotendeels uit houten gebouwen bestaande
Jamestown bleven teisteren en soms complete buurten weg-
vaagden. In de winter stond de brandweer keer op keer machteloos omdat het bluswater bevroor in de leren slangen. De
ontdekking dat water in rubberen slangen wél vloeibaar bleef,
maakte het fortuin van Harvey en zijn zwager, en vormde de
basis van een bedrijf dat zou uitgroeien tot een van 's werelds
grootste bandenproducenten.

*

Eigenlijk was er maar één Tew die niet moeiteloos in de succesvolle voetsporen van de eerste generatie volgde. En dat was de man die Allenes vader zou worden: Charles, de jongste zoon van William. Hij was in 1849 geboren als laatste mannelijke telg van de tweede generatie en het lijkt net of de beschikbare voorraad ambitie en energie bij hem simpelweg op was geweest. Want terwijl zijn neven en zijn broer op hun vijftiende allang bij hun vaders in de zaak werkten, zat Charles op die leeftijd nog in de schoolbanken. En terwijl zijn neven stuk voor stuk sociaal profijtelijke huwelijken sloten, trouwde Charles in 1871 met Jennette Smith, de negen jaar oudere dochter van een plaatselijke stalhouder, die ook als koetsier en postbode fungeerde. Niet alleen was deze schoonvader sociaal gezien bepaald beneden de stand van de familie Tew, hij was ook nog eens een zuiderling, afkomstig uit Tennessee.

Kennelijk was het jonge stel zich hun status als de wat minder geslaagde tak van de familie wel degelijk bewust, want meteen na hun huwelijk vestigden Charles en Jennette zich op het dunbevolkte platteland van Wisconsin, waar voor aspirant-boeren nog altijd gratis grond te verdienen was. Hier, in het dorpje Janesville in Rock County, werd op 7 juli 1872 Allene geboren. Het was een ongebruikelijke naam en waarschijnlijk een chiquer klinkende variant op het Ierse 'Eileen'.

Charles bleek niet bepaald uit pioniershout gesneden en al snel keerde het jonge gezin weer terug naar Jamestown, waar ze introkken in de stalhouderij van Jennettes vader aan West Third Avenue. Charles' vader William had zijn zaak aan Main Street inmiddels verlaten om na het overlijden van zijn broer George diens plaats als president van de familiebank over te nemen. Zijn kachel- en ijzerwarenzaak vertrouwde hij toe aan zijn dochter, die met zijn voormalige knecht was getrouwd. Voor Charles werd een niet al te veeleisend baantje gevonden als *assistant cashier* in de familiebank.

En zo bracht Allene de eerste jaren van haar leven door in de rumoerigheid en de paardenlucht van een stalhouderij in het centrum van Jamestown, en niet zoals haar vele nichtjes in een dure villa aan de lommerrijke rand van de stad. Pas later, toen haar grootvader William zich uit de bank terugtrok en verhuisde naar een vrijstaand huis aan Pine Street, besloot hij zijn jongste zoon en diens gezin naast zich te laten wonen en kreeg ze een wat aanzienlijker adres.

Dat ze enig kind zou blijven – een uitzonderlijk fenomeen binnen een kinderrijke clan als de Tews – was op dat moment wel duidelijk. Even duidelijk was het feit dat haar vader het nooit veel verder zou schoppen dan kassier en dat hij, als enige van de tweede generatie Tew-mannen, nooit bejubeld zou worden in de almanakken waarin in deze jaren de prominente burgers van de streek werden geportretteerd.

*

Op 4 juli 1876 vierde Amerika zijn eeuwfeest als onafhankelijke natie. En vieren deden de Amerikanen, want zelden had een land zijn inwoners zoveel kansen geboden als de Verenigde Staten op dat moment. Er was een gigantisch, nog steeds grotendeels maagdelijk land vol waardevolle hulpbronnen als hout, rivieren en erts. Nieuwe technologieën en uitvindingen waren aan de orde van de dag en er heerste een bijna ongeëvenaarde mentaliteit van ambitie en durf. Alles leek samen te spannen om de Amerikanen niet alleen hun in de grondwet vastgelegde 'recht op leven, vrijheid en het nastreven van geluk' te geven, maar hun dat geluk ook daadwerkelijk mogelijk te maken.

Het continent barstte dus zo ongeveer uit zijn voegen van feestvreugde en Jamestown deed daar niet voor onder. 'We will celebrate!' kondigde de plaatselijke krant al maanden van tevoren aan. Het stadje werd opgedirkt als een fabrieksmeisje voor haar trouwdag, en op de grote dag zelf trok een onafzienbare parade van muziekbands, de brandweer en sportverenigingen onder de met bloemen versierde erebogen door de stad. Overal waren concerten, dansfeesten, picknicks en concerten, en 's avonds knalde een groot vuurwerk boven het Chautauquameer het land zijn volgende eeuw in. 'How we celebrated', verzuchtte de *Jamestown Journal* de volgende dag. 'Twenty thousand people come to the front – and go home happy!'

Toen in de volgende jaren nieuwe uitvindingen als de verbrandingsmotor en de grootschalige toepassing van staal de tweede industriële revolutie inluidden, was de welvaartsgroei in het noorden van Amerika helemaal niet meer te stuiten. Het aandeel van de Verenigde Staten in de wereldwijde industriële productie groeide naar dertig procent, al bijna net zoveel als het voormalige moederland Engeland, dat zich tot dan toe de onbetwiste economische wereldleider had gewaand.

De Amerikanen, die vóór de Burgeroorlog voor veel gebruiksgoederen nog afhankelijk waren geweest van import uit Europa, begonnen nu zelfs producten tegen concurrerende prijzen terug naar de Oude Wereld te exporteren. Ondernemers maakten, nog ongehinderd door beperkende factoren als

inkomstenbelastingen of handelswetten, in luttele jaren ongekende fortuinen. Afkomst was onbelangrijk geworden – alleen
individuele ambitie, slimheid en lef telden nog. Het aantal
miljonairs groeide in enkele decennia van twintig- naar veer-
tigduizend. De Amerikaanse bevolking verdriedubbelde tussen 1865 en 1900, maar werd als geheel maar liefst dertien keer
zo rijk.

Alles leek en was mogelijk in deze *Gilded Age*, de Klatergouden Eeuw, zoals schrijver Mark Twain dit tijdperk van nationale expansie en ongebreideld optimisme doopte. Paupers
kwamen in lompen van de boot uit Europa en werkten zich
op tot multimiljonair. Nooit was de zuigkracht van het land
van de onbegrensde mogelijkheden op gelukzoekers groter
geweest dan nu. Hadden gedurende de eerste helft van de negentiende eeuw al zo'n tweeënhalf miljoen immigranten de
oversteek vanuit Europa gewaagd, gedurende de tweede helft
zwol de stroom aan tot een duizelingwekkende elf miljoen.

Dus misschien was Allenes vader dan wel niet zo'n succesverhaal als de rest van haar familie, en misschien vonden haar
rijke nichtjes en klasgenootjes op de Jamestown Union School
dat een reden om haar met enige meewarigheid te behande-
len, maar jong als ze was, hield ze haar hoofd hoog. Want op
de schaarse jeugdfoto's die van haar bekend zijn, is al te zien
dat Allene Tew een fortuin had meegekregen dat voor geld
niet te koop was, namelijk schoonheid. Daarbij groeide ze op
met iets veel beters dan geërfd geld. Namelijk met een droom
– en wel de Amerikaanse droom, waarin je kunt zijn en worden wie je wilt, ongeacht waar je vandaan komt. Waarin je, zoals haar oudoom George en haar grootvader hadden bewezen,
kunt beginnen in een primitieve blokhut in het midden van

een vijandige wildernis en eindigen in een marmeren bankgebouw in een bloeiende stad die je, bijna letterlijk met je blote
handen, aan het bos hebt ontwrongen.

Het glinsterend paradijs

Jaren later, toen ze al een oude vrouw was en ze zich allang niet meer druk hoefde of kon maken over haar eigen kinderen, schreef Allene eens over de bezitsdrang van ouders en hoe belangrijk het is om je daar niets van aan te trekken:

Everyone has the right to live her own life, NO *parent can destroy the youth and joy of their child. They use all kinds of excuses to try and cover their selfishness but if the daughter or son do take the bit in their teeth and* LIVE, *the mother always gets on allright.*

Iedereen heeft het recht om haar eigen leven te leven... Het klonk alsof ze er ervaring mee had, en dat was ook zo, want als er ooit een meisje in Jamestown was geweest dat haar ouders reden tot zorg had gegeven, dan was zij het wel.

Wellicht was het Charles en Jennette Tew nog wel gelukt om hun mooie, onstuimige dochter in bedwang te houden als hun woonplaats gewoon de stoere, maar niet bijster tot de verbeelding sprekende pioniersgemeenschap was gebleven die het tijdens hun eigen jeugdjaren was geweest. Dat dit niet gebeurde, was, ironisch genoeg, eigenlijk de schuld van de methodisten en andere religieuze groeperingen die Chautauqua halverwege de jaren zeventig hadden ontdekt als hun gedroomde paradijs op aarde.

Aan de noordkant van het nog altijd even liefelijke en ongerepte Chautauquameer bouwden de methodisten het Chautauqua Institution, een soort permanente zomerkolonie ter bevordering van allerlei verheffende zaken zoals kunst, wetenschap, religie, patriottisme en onderwijs. Het instituut trok al snel bezoekers van naam, zoals de uitvinder Thomas Edison, de schrijver Rudyard Kipling en, in 1881, zelfs de Amerikaanse president James Garfield. Bij zijn afscheid wijdde de laatste er een lyrische toespraak aan: 'It has been the struggle of the world to get more leisure, but it was left for Chautauqua to show how to use it.'

Dat lieten de rijke burgers van grote steden als Cleveland, Chicago en Pittsburgh zich geen twee keer zeggen. Ze zouden de wereld wel eens laten zien hoe je je vrije tijd moest gebruiken. Vanaf het begin van de jaren tachtig raakten de oevers van het meer bedekt met houten, in neogotische stijl opgetrokken hotels en zomerhuizen, het ene nog duurder en luxueuzer dan het andere, bedoeld voor *the Wealth and Fashion from leading American cities*. En met de flirtende mannen met hun zorgeloze strohoeden en de vrouwen in hun elegante zomertoiletten streken ook Glamour en haar zusje Frivoliteit neer in Chautauqua.

De stedelingen arriveerden per trein, gevolgd door slierten bedienden en stapels hutkoffers. Op de kade van Jamestown stapten ze over op de witte, met elegant filigrein versierde stoomboten van de *Great White Fleet*, die vanaf 's ochtends zes uur tot middernacht onafgebroken over het meer voeren. 's Avonds werden de romantisch door olielampen verlichte stoomboten ingezet voor cruises bij maanlicht en het vervoer van en naar de talloze dansfeesten, concerten, theatervoorstellingen, vaudevilles, *straw rides*, diners en al die andere vormen van vermaak die ten behoeve van de zomergasten werden georganiseerd.

En zo groeide Allene op in een wereld met twee gezichten. Begin mei, als de natuur uitbarstte van onder de sneeuwresten, gingen de luiken van de sprookjespaleizen aan het meer open en werd alles in gereedheid gebracht voor het korte, warme en feestelijke zomerseizoen. Eind augustus, als de bomen begonnen te verkleuren, eindigde het feest even abrupt als het begonnen was. De luiken werden gesloten; het meer werd weer het stille domein van troepen trekvogels en wat eenzame vissers. En Jamestown werd zijn alledaagse, winterse zelf: een in essentie nuchtere, godvruchtige stad, sober in alles, behalve in ambities.

*

Door de Jamestownse burgerij werd de jaarlijkse zomerinvasie met gemengde gevoelens bekeken. Het was waar: vakantiegangers brachten geld en welvaart met zich mee en zij waren zakelijk genoeg om daar tot op de laatste dollarcent van te profiteren. Maar zomergasten introduceerden ook alle kwalen van het moderne stadsleven in Chautauqua waar de Jamestowners als rechtgeaarde victorianen zo beducht voor waren: goddeloosheid, gokken, alcohol, promiscuïteit en – God verhoede – gevallen vrouwen en ongewenste zwangerschappen.

Vooral de vele rijke vrijgezellen die het meer in deze jaren als hun favoriete speeltuin beschouwden, werden met argusogen bekeken. Ze gokten en ze dronken, ze zwommen in de dollars en leken weinig anders omhanden te hebben dan zoveel mogelijk lokale meisjes het hoofd op hol te brengen. Meisjes zoals Allene Tew bijvoorbeeld. Misschien kwam het doordat het onduidelijk was tot welke klasse ze behoorde – altijd zwevend tussen de stalhouderij van haar moeders familie aan de ene en het bankgebouw van de Tews aan de andere kant. Misschien ook doordat ze enig kind was van nogal passieve ouders en het strakke gareel van een groter gezin miste. Feit was in ieder geval dat ze anders, vríjer was dan haar nichtjes en leeftijdgenotes, en aanzienlijk minder geneigd zich als een dame te gedragen.

Haar opa Andrew Smith, de koetsier, had Allene een grote liefde voor paarden bijgebracht, en ze kon rijden als een jongen – en vaak nog beter. Daarnaast was ze slim – ze had, zou een vriend later getuigen, 'a quick wit and a daring that became her'. Die snelle geestigheid en die durf waren niet het enige wat haar goed stond, want met haar dikke donkerblonde haar, lichtblauwe ogen en elegante figuurtje was ze onmiskenbaar een jongedame naar wie iedere man omkeek. 'A blue-eyed blonde with defiantly arched eyebrows', zoals ze ooit werd omschreven.

Allenes oogopslag was inderdaad wars van de deemoed en de bescheidenheid die in deze jaren als typisch vrouwelijke deugden werden gepredikt. Misschien, zo zeiden die ogen, waren haar ouders niet besmet met de tomeloze dadendrang van de Tews, maar zijzelf was dat wel. Zij hunkerde naar plezier, naar avontuur en vooral naar een wereld die groter was

dan het in wezen nog zo kleinsteedse Jamestown.
Allene Tew had, kortom, alles in huis om in de problemen
te raken, en dat deed ze dan ook.

*

Theodore 'Tod' Hostetter was de vleesgeworden nachtmerrie van iedere vader in Jamestown. 'Charming... rakish...
a gay Lothario, as reckless as he was handsome', typeerde een bevriende journalist hem ooit. Charmant, ondeugend, een vrolijke verleider en net zo roekeloos als hij knap was. En die over-
moed kon hij zich ruimschoots veroorloven, want hoewel deze
erfgenaam uit Pittsburgh ten tijde van zijn eerste ontmoeting
met Allene nog maar amper twintig jaar oud was, had hij al
zo'n onwaarschijnlijke hoeveelheid geld meegekregen dat hij
de rest van zijn leven nooit iets anders zou hoeven doen dan
het zo creatief mogelijk uit te geven.

Die overvloed aan dollars dankte Tod aan zijn vader, David Hostetter, wiens levensverhaal precies die magische mix
van elementen bevatte die immigranten over de hele wereld
ertoe bracht op goed geluk op de boot naar Amerika te stap-
pen. Opgegroeid als zoon van een dorpsdokter in een dunbevolkte en arme boerenstreek in Pennsylvania, had David als
jonge man geprobeerd fortuin te maken tijdens de *goldrush* in
Californië. Toen daar het goud minder makkelijk op te rapen
viel dan gedacht, was hij een kruidenierszaak begonnen, die
echter binnen de kortste keren afbrandde. Vervolgens was hij
met hangende pootjes naar huis teruggekeerd, met geen andere toekomst dan het zware, fysiek slopende bestaan van een
spoorwegarbeider.

De droom om rijk te worden had Tods vader echter nooit losgelaten en op zijn vierendertigste was hij op het idee gekomen om een door zijn vader zelfgebrouwen kruidendrankje commercieel te exploiteren. 'Dr. J. Hostetter's Celebrated Stomach Bitters' bleek meteen na de introductie in 1854 al een doorslaand succes. Het werd verkocht als middel tegen uiteenlopende kwalen als maagpijn, darmklachten, nervositeit en somberheid, en werd tijdens de Burgeroorlog door het leger zelfs groot ingeslagen als middel tegen diarree.

Jaren later, toen het tot dan toe strikt geheimgehouden recept eindelijk werd geanalyseerd, zou duidelijk worden waarom iedere patiënt er zo van opknapte. Naast wat kruiden en water bleek het mengsel maar liefst 32% pure alcohol te bevatten. In een tijd waarin anti-alcoholactivisten zoals Allenes grootvader William erin slaagden sterkedrank steeds verder uit het openbare leven te verbannen, maakte dat het kruidendrankje tot een meer dan aantrekkelijk alternatief.

Voor David Hostetter was het letterlijk gouden handel. De grondstoffen kostten zo goed als niets en omdat hij het brouwsel had gepatenteerd als medicijn, hoefde hij over de opbrengsten niet eens belasting te betalen. Aan het begin van de jaren zestig verkocht hij ruim 450 000 flessen kruidendrank per jaar. Wantrouwige inspecteurs en geheelonthouders hield hij buiten de deur door zich publiek een vroom voorstander van de drooglegging te betonen; zijn concurrenten hield hij op een al even gepaste afstand met een gratis almanak, die in december bij bijna iedere Amerikaanse kruidenier gratis af te halen was.

Behalve met weersverwachtingen, landbouwtips, astrologische informatie en cartoons stond deze *Hostetter's United States Almanac for the Use of Merchants, Mechanics, Farmers,*

Planters, and all Families vol met anekdotes over de wonderbaarlijke geneeskrachtige kwaliteiten van Hostetter's Bitters.
In veel Amerikaanse huishoudens was het in deze jaren het
enige boek naast de Bijbel. 'They can talk about Shakespeare,
but in my opinion old Hostetter ... had more influence on the
national life than any of 'em', zoals een invloedrijke columnist
ooit schreef.

Aan het begin van de jaren zeventig verkocht David jaarlijks meer dan een miljoen flessen. De gigantische winsten die
hij maakte, investeerde hij in allerlei opkomende industrie-
en in en rond Pittsburgh, zoals de spoorwegen, de mijnbouw,
het bankwezen en de oliewinning – iets waarbij zijn mislukte
avonturen in het wilde Westen hem nog goed van pas kwamen. De voormalige spoorwegarbeider ging nu als gelijke om
met beroemde Gilded Age-miljonairs als Cornelius Vanderbilt, John D. Rockefeller en Andrew Carnegie. Hij had onder meer zitting in de directies van prestigieuze bedrijven als
de Pittsburgh and Lake Erie Railroad, de Fort Pitt National Bank, de Pittsburgh Natural Gas Company en de South
Pennsylvania Railroad.

Alle kruidendrankjes, alle prestige en alle dollars van de wereld konden echter ook David Hostetter niet beschermen tegen zijn eigen sterfelijkheid en in 1888 overleed hij, zevenen-
zestig jaar oud, in het New Yorkse Park Avenue Hotel aan
complicaties na een nieroperatie. Hij liet zijn weduwe en drie
kinderen een vermogen na van achttien miljoen dollar. Daarnaast ontvingen ze van het bedrijf alle vier een jaarlijks divi-
dend van 810 000 dollar – en dat in een periode waarin het
gemiddelde uurloon van een Amerikaanse werknemer precies
tweeëntwintig dollarcent bedroeg.

*

Ook in Jamestown was de *Hostetter's Almanac* sinds mensenheugenis in bijna ieder huishouden te vinden. En ook hier verschenen in de *Jamestown Journal* voortdurend artikelen met
prikkelende koppen, die bij nadere bestudering verkapte advertenties voor het gelijknamige kruidendrankje bleken te
zijn. Het kon Allene dus moeilijk ontgaan zijn dat de knappe, donkere jongen die ze in de zomer van 1890 tijdens een
dansfeestje ontmoette en die haar met zo'n kwikzilverachti-
ge charme het hof maakte, de erfgenaam was van een van de
grootste fortuinen van Pittsburgh.

De kans dat deze Tod Hostetter zich zou ontpoppen als
een serieuze huwelijkskandidaat, leek echter zo goed als mi-
niem. Want Amerika mocht dan het land zijn van de ongekende mogelijkheden, dat betekende nog niet dat standsbe-
sef niet bestond. Integendeel: juist nu het land meer en meer
werd overspoeld door miljonairs, trok de bestaande elite zich
des te krampachtiger terug in een sociaal fort, waarin afkomst
en naam van allesoverheersend belang waren. Zo weigerde
Caroline Astor, de ongekroonde koningin van de New Yorkse
society, zelfs de Vanderbilts, op dat moment de rijkste familie
van de Verenigde Staten, in haar salon te ontvangen – en dat
alleen omdat stamvader Cornelius zijn carrière was begonnen als roeier en zijn nazaten zich in haar ogen te onorthodox
gedroegen om als *ladies and gentlemen* geclassificeerd te worden.

Zelf stamde 'Mrs. Astor', zoals heel Amerika haar kende,
af van de *Knickerbockers*, de Britse en Hollandse pioniers die
vanaf de koloniale tijd de toon hadden aangegeven. Ze be-

schouwde het als haar persoonlijke missie om te bewijzen dat zij en haar landgenoten meer waren dan de tabak kauwende, ongeletterde en ongelikte beren die de wereld in hen zag. Nadat de latere Franse premier Georges Clemenceau in 1889 had verkondigd dat Amerika van barbarisme naar hedonisme was gegaan 'zonder enige beschaving ertussenin', stelde ze zelfs een lijst op van de vierhonderd mensen die in haar optiek als een soort Amerikaanse adel golden. Niet alleen konden de uitverkorenen zich beroemen op een onberispelijke levenswandel, maar ook op een fortuin dat ten minste drie generaties terug getraceerd kon worden.

Zoals dat gaat wanneer alles te koop is behalve sociale status werd het onder de echtgenotes van de nouveaux riches een ware rage om zich te bewijzen in de ogen van Mrs. Astor. Handboeken als *The Laws of Etiquette, or Short Rules and Reflections for Conduct in Society* werden gespeld en een beetje Amerikaanse stad had haar eigen *Blue Book* – een adreslijst van families die sociaal gezien *reçu* waren. Ook Tods moeder had zich in deze race naar respectabiliteit niet onbetuigd gelaten. Hoewel het geld van haar man bepaald nieuw was en net iets te veel naar alcohol rook om 'netjes' te zijn, was het haar toch gelukt om haar twee oudste kinderen te laten trouwen met telgen uit oude en prominente Pittsburghse families.

Het laatste wat Rosetta Hostetter dus kon gebruiken, was een liaison van haar jongste zoon met een meisje zonder enige sociale status, vermogen of nuttige connectie, afkomstig uit een streek die in vergelijking met het grootstedelijke Pittsburgh zo ongeveer als de rimboe gold. De ontluikende zomerromance aan het Chautauquameer werd daarom aanvankelijk strikt geheimgehouden. En bleef dat – ook nadat in de nazomer de zomergasten weer uit Chautauqua waren vertrokken en Tod geacht werd zijn medicijnenstudie op te pakken. En zelfs nadat Allene ergens in het hartje van de koude winter van 1890-1891 in haar slaapkamer in Pine Street ontdekte dat de clandestiene ontmoetingen met haar Pittsburghse aanbidder niet zonder gevolgen waren gebleven en dat ze zwanger was.

*

Het was het eind van de negentiende eeuw en de victoriaanse fatsoensnormen werden nog tot op de letter nagevolgd. Mannen en vrouwen leefden in bijna volstrekt gescheiden werelden en de burgerij was zo preuts dat piano-, stoel- en tafelpoten werden afgedekt om iedere gedachte die zweemde naar seksualiteit af te weren. En als er één zonde was die een respectabel meisje in deze tijden kon begaan, dan was dat wel ongehuwd zwanger worden.

Menige jonge vrouw in Allenes positie maakte een einde aan haar leven om zichzelf en haar familie deze onuitwisbare schande te besparen. Jongemannen zoals Tod op hun beurt trokken hun handen in de meeste gevallen af van een vriendinnetje dat zo dom of zo losbandig was geweest was om dit te laten gebeuren. Ze lieten hun voormalige geliefde afkopen door hun vader, een oudere broer of de familieadvocaat, om zich vervolgens te settelen in de veiligheid van hun familiefortuin, hun respectabele toekomst en de daarbij behorende, vlekkeloze echtgenote.

Maar Allene was toch niet alleen maar dom geweest. Haar Tod mocht dan een vrolijke losbol zijn, hij was ook goedhartig en hij was oprecht dol op haar. Daarbij was hij als gekoesterd en verwend nakomertje niet anders gewend dan dat zijn familieleden, hoe wanhopig ze soms ook werden van zijn fratsen, hem uiteindelijk met alles weg lieten komen. En dus namen hij en Allene hun toevlucht tot de enige mogelijkheid die geliefden hadden als ze tegen de zin van hun ouders bij elkaar wilden blijven: *an elopement.* Ze liepen weg, helemaal naar New York, waar ze op 14 mei 1891 in het geheim trouwden in de Church of the Heavenly Rest, op de hoek van Fifth Avenue en 45th Street.

In een laatste poging de verloren eer van hun zo plotsklaps uit hun stadje verdwenen dochter te redden, maakten Charles en Jennette Tew het nieuws die avond al wereldkundig in de *Jamestown Evening Journal.* De geboorte van het kindje dat de aanleiding was geweest, zouden ze op de dag af tien maanden later op dezelfde plaats adverteren – genoegzaam voorbijgaand aan het feit dat de boreling toen al ruim vijf maanden oud was.

Allenes geschiedenis in Jamestown was daarmee voorbij, maar haar verhaal in Pittsburgh begon toen pas. Want Tods thuisfront, van de ene op de andere dag gesteld voor het zeer onwelkome, ongewenste en slecht uitkomende huwelijk, piekerde er niet over om deze smet op het familieblazoen te adverteren in de *Pittsburgh Chronicle* of een van de andere kranten die normaal gesproken verslag deden van iedere zucht en stap van een *Blue Book*-familie.

Toen het stel daags na het huwelijk per trein van New York naar Pittsburgh reisde, kon Allene de zwarte wolk boven haar nieuwe woonplaats al van verre zien hangen. Een echte wolk, afkomstig uit de duizenden, onafgebroken rook en roet uitbrakende schoorsteenpijpen van de beruchte *Smoky Town.* En een onzichtbare in de vorm van de wolk van afkeuring in haar nieuwe familie, die het kind in haar buik beschouwde als een schande en haarzelf als een geraffineerde kleine *golddigger*, die hun naïeve jongste zoon in haar netten had weten te verstrikken.

*

Zo groen en fris als de wereld was geweest waarin Allene was opgegroeid, zo grauw en bedompt was die waarin ze als de jonge Mrs. Hostetter terechtkwam. Tijdens de industriële revolutie was Pittsburgh dankzij zijn strategische ligging aan de Allegheny, de Monongahela en de Ohio en de rijke steenkoolvoorraden in de bodem, uitgegroeid tot een van de rijkste steden van Noord-Amerika. De stad telde in deze jaren zelfs meer miljonairs dan New York. Maar het was ook een van de smerigste en zeker een van de meest mistroostige plaatsen van het continent.

De zogeheten *golden triangle*, het vlakke gedeelte tussen de drie rivieren waar Pittsburgh zijn bestaan als stad ooit begonnen was, was in feite één gigantisch, zwaar vervuild industrieterrein. Tussen de dag en nacht brandende hoogovens, de glas- en leerfabrieken en de opslagplaatsen voor petroleum, gas en olie lagen sloppenwijken en huurkazernes. Hier huisden al diegenen die aan de verkeerde kant van de Amerikaanse droom terecht waren gekomen in omstandigheden die *downtown* Pittsburgh maakten tot wat een inwoner zou uitdrukken als 'de hel met het deksel eraf'.

Vanzelfsprekend lieten de *robber barons*, zoals de industriëlen en fabriekseigenaren vanwege hun rücksichtsloze praktijken werden genoemd, hun neuzen niet beledigen en hun uitzicht niet bederven door het uitgebuite en rechteloze arbeidersproletariaat. Zij bouwden hun *mansions* in de nog schone stadjes en dorpjes in de heuvels rond de stad, zoals Allegheny City, aan de noordkant van de gelijknamige rivier. Vooral sinds de Burgeroorlog had dit voormalige boerengehucht zich ontwikkeld tot een waar miljonairsmekka, compleet met fraaie stadsparken, muziekpaviljoens en een eigen dierentuin. Hier, aan de toen net voltooide en speciaal voor rijke inwoners aangelegde Western Avenue, had ook Tods vader in 1868 een landhuis gebouwd. Hoewel het huis zelf met zijn vele zware houten lambriseringen en glas-in-loodramen inmiddels wat ouderwets aandeed, gold het nog steeds als een van de aantrekkelijkste van de buurt, al was het maar omdat het in tegenstelling tot de buurhuizen op een dubbele kavel stond. Tod was er geboren en getogen, en het was hem, misschien vanwege die reden, door zijn vader als persoonlijk bezit nagelaten.

Tot het moment dat zijn jonge bruid haar intrede deed in Allegheny, had Tod zijn ouderlijk huis gedeeld met zijn moeder en zijn elf jaar oudere broer David 'Herbert' junior. Zijn enige zuster woonde met haar man en kinderen aan de overkant van Western Avenue, waar hun vader in 1868 met vooruitziende blik een paar extra percelen grond had gekocht. Dat laatste kwam nu goed van pas, want hun moeder voelde er niets voor om het huis waar ze meer dan dertig jaar de scepter had gezwaaid, te delen met de haar zo zwaar tegen haar zin opgedrongen schoondochter. Zij pakte haar spullen en nam haar intrek in een huis naast dat van haar dochter.

Ook de serieuze en verantwoordelijke Herbert, die sinds de dood van hun vader de dagelijkse leiding van het familiebedrijf had overgenomen, wachtte Allenes komst niet af. Hij verhuisde met zijn vrouw naar zijn schoonouders in Millionaires' Row, een nog rijkere buurt ten oosten van Pittsburgh. Later zou hij het huwelijk van zijn kleine broertje als afschrikwekkend voorbeeld gebruiken bij de opvoeding van zijn eigen kinderen:

Een groot deel van de problemen in de wereld is het gevolg van te vroege of eigenzinnig doorgezette romances. Daarom dient een jongen altijd bij andere jongens en uit de buurt van meisjes gehouden te worden, en vice versa, zodat *love's disturbing element* hun leven niet binnen kan dringen.

*

En zo begon *love's disturbing element* in de vorm van de nu zichtbaar zwangere Allene haar nieuwe leven in Pittsburgh. Zij en Tod deelden het grote huis aan 171 Western Avenue met acht personeelsleden, van wie het merendeel al jarenlang bij Rosetta in dienst was. Amerikaanse bedienden stonden bekend als aanzienlijk brutaler dan hun collega's in Europa en het feit dat die van Allene ongetwijfeld op de hoogte waren van de details rond het huwelijk van hun jonge *Master* en het feit dat hun piepjonge nieuwe meesteres bepaald niet uit de hoogste kringen afkomstig was, zal haar taak als hoofd van de huishouding er niet veel makkelijker op gemaakt hebben.

Allenes ontvangst in haar schoonfamilie mocht dan ijzig zijn, en de sfeer in de donkere steenklomp aan Western Avenue niet veel hartelijker, warm werd het in de maanden die volgden toch. De zomers in het zuiden van Pennsylvania waren berucht vanwege de benauwde, vaak weken aanhoudende hitte, en naarmate de temperaturen klommen woeien stank en rook van de *hellhole* die downtown Pittsburgh heette steeds vaker in de richting van het groene stadje in de heuvels. Huizen en tuinen raakten bedekt met een dunne laag roet, die, hoe ijverig de bedienden ook schrobden en wasten, nooit helemaal weg te poetsen leek.

Vandaar dat rijke Alleghenyers zich eind juni steevast opmaakten voor hun jaarlijkse exodus naar koelere en frissere oorden. De Hostetters vertrokken gewoontegetrouw naar hun vakantiehuis in Narragansett Pier, een badplaatsje in de baai van Rhode Island. Shore Acres, dat nog door Tods vader gebouwd was, lag aan de Ocean Drive en had een weids uitzicht over de Atlantische Oceaan en koele zeelucht in overvloed. Het huis telde zestien kamers. Ruimte voor Tod en zijn nu hoogzwangere vrouw was er echter niet, want Narragansett Pier lag vlak bij Newport, de vaste zomerkolonie van de New Yorkse society, waar Mrs. Astor in haar buitenhuis Beechwood haar befaamde *Summer Ball* placht te houden. Een uitnodiging hiervoor was het summum, omdat daarmee automatisch toegang tot de allerhoogste sociale echelons van het land werd verkregen.

De reputatie moest in Newport en omgeving juist extra hooggehouden worden. En Tod moest toch begrijpen dat zijn familie, na dit voor hen toch al zo pijnlijke voorjaar, het zich werkelijk niet kon veroorloven de schijn te wekken dat ze zijn vrouw daadwerkelijk als een van hen accepteerden.

*

Misschien was Allene nog maar jong en aanvankelijk nog onder de indruk van wat een bevriende journalist later omschreef als 'het glinsterend paradijs van de Hostetters, waar de juwelen voor het oprapen lagen en het geld net zo snel stroomde als de Niagara'. Maar ze was er toen al geen vrouw naar om zich een hele zomer lang achter luiken te laten wegstoppen in een bloedheet Pennsylvania. Dus op 5 juli 1891, een week voor het officiële begin van het tien weken durende zomerseizoen, meldde *The New York Times* dat een 'Mrs. Hostetter of Allegheny City' een cottage had gehuurd op een schuin tegenover Narragansett Pier gelegen eilandje dat, toevallig of niet, Jamestown heette.

Het zomerleven op 'Jimtown', zoals vaste bezoekers hun winddoorblazen en rotsachtige eilandje liefkozend noemden, was van een geheel andere orde dan dat in de stijve en ostentatief weelderige zomerkolonies als Newport en Narragansett Pier. De in de lokale *shingle style* gebouwde cottages waren tamelijk primitief en ingericht met lichte rieten meubels. Het vermaak was al even weinig pretentieus en bestond vooral uit simpele genoegens als wandelen, pootjebaden, picknicken en schelpen zoeken. Een bezoekster beschreef het zo:

Alle gasten hadden vrije toegang tot het huis, de rotsen en de haven en er werd van hen verwacht dat ze precies deden waar ze zin in hadden. Sommigen zaten binnen piano te spelen, anderen bespeelden buiten de gitaar of de banjo, sommigen zaten op schommelstoelen, anderen gewoon in het gras. Er werd getennist, geroeid en de kinderen gingen zwemmen bij de pier, duikend of springend over de reling. En wat we ook deden, we waren helemaal zonder zorgen.

Terwijl Allene genoot van deze ontspannen sfeer, besteedde Tod zijn tijd vooral aan het *Grand Yachting*, het Grote Zeilen, de favoriete sport van de Gilded Age-miljonairs. De ruime, diepe en beschutte baai van Rhode Island was bij uitstek geschikt voor hun peperdure en van alle comfort voorziene zeilen stoomjachten en sinds de welvaart in Amerika zo spectaculair was toegenomen, zag het er in de zomers wit van de zeilen. Tods schip, de Judy, was ruim dertig meter lang, had een vaste bemanning van zes personen en was ontwerpen door de bekende jachtbouwer Nathanael Herreshoff. Maar hoe elegant het ruim 25 000 dollar kostende schip ook was, er was geen sprake van dat hij het kon afmeren in Newport, waar 's lands meest prestigieuze nautische club, de New York Yacht Club, haar eigen steiger en clubhuis had. De NYYC stond erom bekend haar waterkant net zo streng te bewaken tegen sociaal ongewenste elementen als Mrs. Astor dat deed met haar balzaal, en er was geen denken aan dat deze jonge en niet al te respectabele Pittsburghse miljonair door de ballotage kon komen.

Vandaar dat Tod het voorbeeld volgde van William Vanderbilt, die, na diverse keren geweigerd te zijn door conservatieve New Yorkse herensociëteiten, enkele jaren eerder zijn eigen Metropolitan Club in het leven had geroepen. Op 14 juli 1891 richtte Tod samen met een aantal andere jachtbezitters de Jamestown Yacht Club op. Hij werd benoemd tot de eerste *commodore* – iets wat in de praktijk betekende dat hij aan het einde van de dag meestal de rekening voor de anderen oppakte. En omdat Tod behalve op zeilen dol was op kaart- en andere kansspelen, kreeg de zeilclub er enkele weken later een zusje bij in de vorm van de Jamestown Card Club – bedoeld, aldus de oprichtingsakte, ter bevordering van het 'Social Enjoyment amongst the Members'. Oftewel, geheel in de geest van het jonge miljonairsechtpaar, louter en alleen voor het plezier van haar leden.

*

Kennelijk had Allene één ding overgehouden aan haar pioniersafstamming, en dat was de overtuiging dat als er geen weg was, er toch minstens wel een omweg moest zijn. En dat er anders desnoods maar een weg gebáánd moest worden. 'If one has the will and persistence, one CAN do things', schreef ze later – als je de wil en het doorzettingsvermogen hebt, dan KUN je dingen.

Die mentaliteit had ze laten zien toen ze zelf een vakantie organiseerde in de zomer dat ze niet welkom was bij haar schoonfamilie. Die toonde ze weer toen haar dochter Greta, die op 27 september 1891 werd geboren, net zo hardnekkig door haar nieuwe omgeving genegeerd bleek te worden als zijzelf. In zijn officiële hoedanigheid als vicepresident van het Hostetter-concern werd Tod die herfst geaccepteerd als lid van de toonaangevende herenclubs van Pittsburgh. Maar zijn vrouw en dochtertje kregen zelfs geen vermelding in de adreslijst van het *Pittsburgh and Allegheny Blue Book*, waarin zijn moeder al jaren prijkte als de belichaming van alle victoriaanse vrouwelijke deugden. ('In haar smaak is Mrs. Hostetter uitgesproken huiselijk, ze staat bekend om haar vlekkeloze huishouding, ze is de beste echtgenote die een man kan hebben en als moeder eenvoudigweg *adorable*.') Dat betekende een volstrekt sociaal isolement voor Allene. Ze werd nergens uitgenodigd, ze kon haar visitekaartje nergens achterlaten en er kwam ook niemand bij haar op bezoek. Het was alsof Greta en zij simpelweg niet bestonden.

Weer was er een omweg nodig, en weer vond Allene die. En wel in de vorm van de Daughters of the American Revolution, een van de exclusieve vrouwenclubs die in deze jaren als paddenstoelen uit de grond schoten en in de meeste gevallen als verkapte kruiwagens naar een hogere sociale positie fungeerden. De DAR was in 1890 opgericht met als officiële doelstelling het in ere houden van de herinneringen aan de voorouders en het bevorderen van het onderwijs in afgelegen gebieden. Het lidmaatschap was voorbehouden aan afstammelingen van mensen die in de Onafhankelijkheidsoorlog hadden gevochten.

In december 1892 meldde Allene zich aan bij de Pittsburghse afdeling van de DAR. Met grote nauwkeurigheid vulde ze haar afstamming in op het aanmeldingsformulier. Haar bloedlijn ging terug op een Britse immigrant die zich in 1640, toen Amerika nog een Britse kolonie was, vanuit Northamptonshire op Rhode Island had gevestigd en een boerenbedrijf was begonnen. Zijn tijdens de overtocht geboren dochter had hij de poëtische naam Seaborn meegegeven. Enkele generaties later zou een achterkleinzoon tot diegenen behoord hebben die de wapenen tegen het moederland hadden opgenomen en dat met zijn leven had betaald: in 1782 zou deze *captain* Henry Tew op het beruchte Britse gevangenisschip de HMS Jersey zijn overleden.

Later zou onderzoek uitwijzen dat de bewuste kapitein nooit had bestaan, en zou Allene alsnog uit het ledenbestand geschrapt worden, maar op dat moment voerde het onderzoek van de jonge Pittsburghse DAR-afdeling niet zo ver. Er waren energieke en rijke leden nodig en de aanvraag werd gehonoreerd. Daarmee had Allene de eerste stap gezet op de weg naar de respectabiliteit, die ze zo drastisch verloren had door ongehuwd zwanger te worden en met haar minnaar weg te lopen. Ondertussen begon het Tods moeder langzaam te dagen dat haar nieuwe schoondochter meer was dan een knap gezichtje en een teveel aan ambitie. Allene was flink en vrolijk, en precies het anker dat haar charmante, maar nog steeds woelige en in wezen volstrekt onverantwoordelijke jongste zoon nodig had. Tod was en bleef immers duidelijk stapeldol op zijn vrouw en dochtertje, en functioneerde, in ieder geval voor het oog van de buitenwereld, nu als min of meer ordentelijk lid van de leiding van het familieconcern.

De zomer van 1892 brachten Allene en Tod weer door op hun eigen Jimtown, waar de zeilclub herdoopt werd tot de Connecticut Yacht Club en een eigen onderkomen kreeg in de vorm van een door Tod gefinancierd clubhuis, compleet met aanlegsteiger en een kaartkamer op de eerste verdieping. Die herfst bleek Allene voor de tweede keer zwanger te zijn. Kort daarna zette zijn moeder haar trots opzij en trok ze weer in in haar oude huis. En als om naar de buitenwereld te benadrukken dat Tods vrouw nu echt bij de familie hoorde, meldde zowel zij als haar dochter zich eind 1892 ook aan als lid van de Daughters of the American Revolution.

*

Decennialang hadden de Amerikanen zich kunnen koesteren in de vanzelfsprekendheid van een almaar groeiende welvaart, maar in februari 1893 verschenen er van de ene op de andere dag alarmerende berichten in de kranten. Als gevolg van een economische depressie in Europa deden met name Britse investeerders hun overzeese aandelen, vooral die in Amerikaanse spoorwegbedrijven, massaal van de hand, waardoor de koersen daalden. Na verloop van tijd raakten de banken in de problemen en tuimelden de Verenigde Staten in een economische depressie, die uiteindelijk zou resulteren in het faillissement van vijftienduizend bedrijven, waaronder vierenzeventig spoorwegconcerns en zeshonderd banken.

The Wall Street Panic of 1893, zoals deze eerste serieuze economische crisis in de Amerikaanse geschiedenis werd genoemd, maakte pijnlijk duidelijk hoe afhankelijk het jonge land eigenlijk was van buitenlands kapitaal. Maar nog pijnlijker toonde het aan hoe volstrekt amoreel en gewetenloos Wall Street was geworden. Grote zakenbanken, zoals J.P. Morgan, bleken allerlei praktijken en trucs bedacht te hebben om de waarde van aandelen te manipuleren. Overheidstoezicht was er niet, wetgeving was er evenmin en bedrogen beleggers konden nauwelijks verhaal halen, omdat zelfs rechters zich zonder veel moeite door het almachtige bankwezen lieten omkopen.

Zoals wel vaker waren het niet de aanstichters van de crisis die de hardste klappen kregen. Die waren voor het arbeidersproletariaat en vooral voor de honderdduizenden werklozen. Er was geen werk, er waren geen uitkeringen, er was geen enkele vorm van opvang; voor hen ontaardde de Amerikaanse droom in een nachtmerrie waaruit geen ontsnappen meer mogelijk was.

De miljonairs daarentegen feestten en spendeerden door alsof er niets aan de hand was. Mrs. Astor had haar strijd tegen het nieuwe geld en de bijbehorende slechte smaak die New York overspoelden al verloren. Haar negentiende-eeuwse *Old New York*, met de schilderachtige straten, sobere *brownstones* en romantische gaslampen werd verdrongen door de luidruchtige glitter en glamour van de nieuwe rijken die uit heel Amerika naar de stad kwamen om hun fortuin te etaleren.

Vooral langs Fifth Avenue schoten de pseudogotische bouwsels, namaakchateaus en neppalazzo's als drakentanden uit de grond, het ene nog groter en protseriger dan het andere. De huizen werden volgepropt met kunstschatten waarvoor heel Europa was afgestroopt en die met scheepsladingen tegelijk naar Amerika waren getransporteerd. De schatrijke krantenmagnaat William Randolph Hearst had naar verluidt maar liefst twee pakhuizen nodig om al zijn in de Oude Wereld vergaarde bezittingen in op te slaan. Jonge, extravagante miljonairsvrouwen als Alva Vanderbilt, Mamie Fish en Tessie Oelrichs overtroefden elkaar met feesten die letterlijk niet duur of gek genoeg konden zijn, zoals Romeinse orgiën en Franse hofbals. En als dat nog niet voldoende was om de gasten te amuseren, dan liet men, zoals Mamie Fish ooit deed, een aangeklede aap als hoofdgast fungeren.

De uitspattingen en staaltjes exorbitante spilzucht van de superrijken werden breed uitgemeten in sensatiebladen als *The New York Herald* en *Town Topics*. Het jonge Amerika was nu eenmaal geobsedeerd door geld, en het publiek was zo onverzadigbaar waar het ging om de details van de levens, huizen en feesten van de rijken dat een kop als 'Rich Woman Falls Down Stairs – Not Hurt' zonder moeite de voorpagina haalde.

47

*

Ook de Hostetters leden niet in 't minst onder de crisis. Hun verkapte alcoholhandel floreerde juist, al was het maar omdat de armen de troost van hun kruidenbittertje nu meer nodig hadden dan ooit en bereid waren daar desnoods hun allerlaatste dollarcent voor neer te tellen. Dat was te merken aan Tods bestedingspatroon, want in oktober 1893, toen heel Amerika al in de greep was van de crisis, gaf hij jachtenbouwer Herreshoff de opdracht om een nieuw, nog luxer en nog groter zeilschip voor hem te ontwerpen.

De Duquesne was ruim veertig meter lang en kostte vijftigduizend dollar. Het schip was zo imponerend dat zelfs de snobs van de New York Yacht Club er niet meer omheen konden. Onder druk van de crisis toch al gedwongen hun normen wat betreft respectabiliteit ietwat bij te stellen, accepteerden ze Tod als lid en gunden ze zijn Duquesne een vaste ligplaats in hun jachthaven in New York.

Een maand later kocht Tod voor vijfentwintigduizend dollar een stuk grond aan de monding van de Beaver River, zo'n dertig mijl ten noorden van Pittsburgh. Een jaar eerder had hij op deze plek al een kleine honderd hectare aangeschaft, omdat zijn jonge vrouw maar niet kon wennen aan de vuile lucht in Pittsburgh en verlangde naar groen en ruimte om zich heen.

Naid's Delight, zoals Tods nieuwe bezit tot op dat moment nog heette, was al in 1770 door niemand minder dan Amerika's eerste president George Washington betiteld als 'a good body of land'. Het lag prachtig, aan een kleine inham van de Ohiorivier die Raccoon Creek werd genoemd. Op dat moment nog in gebruik als boerenland, was het perfect voor het luxueuze jachthuis dat het jonge miljonairsechtpaar erop liet bouwen. Decennia later zouden de werklieden zich hun werkgever nog herinneren omdat hij zo gul en vriendelijk was. Hij was, in de woorden van een van hen, 'a first-class fellow to work for' met 'few worries in life' – een prima kerel, met weinig zorgen aan zijn hoofd.

Op 6 oktober 1894 publiceerde *The Pittsburg Press* een uitgebreide reportage over het Hostetter House, zoals het jachthuis werd genoemd. Weer bleek Allene zich niet te schamen voor haar afkomst, want het bouwwerk had, aldus de krant, nog het meest weg van een gigantische blokhut. Tod en zij hadden zich laten inspireren door een gebouw dat ze het jaar daarvoor gezien hadden in Chicago, tijdens de eerste Wereldtentoonstelling die ooit op Amerikaanse bodem gehouden was. Dit California State Building was een landhuis in Spaanse stijl waarin alle kenmerkende houtsoorten van de staten waren verwerkt.

Maar de 'blokhut' – alleen de grote schoorsteen was van steen – was er dan wel eentje zoals de pioniers zich nooit hadden kunnen dromen. Het huis telde in totaal vijfentwintig kamers, waaronder een indrukwekkende eet- en feestzaal en een al even fraaie woonkamer. In het souterrain waren naast wijnkelders en andere opslagruimtes ook appartementen gebouwd voor de acht bedienden die er het hele jaar door verbleven. Aan de rivier was ruimte gemaakt voor een eigen steiger, waarvandaan een met statige populieren omzoomde oprijlaan naar het huis voerde. Naast het huis lag een poloveld en een negen holes tellend golfterrein, daarachter lagen een stenen huis voor de opzichter, hokken voor een meute jachthonden en drie grote paardenstallen. Hierin stonden naast Tods fa-

49

voriete rijtuig, een door zes paarden getrokken zogenaamde *tally-ho*, en maar liefst veertig kastanjebruine rijpaarden, die de *pride and joy* vormden van de vrouw des huizes.

Het geheel had ruim honderdduizend dollar gekost en *The Pittsburg Press* was lyrisch. De kop boven het artikel luidde 'Picturesque Raccoon Farm – a Country House of Magnificence where Wealth and Good Taste are combined to Produce the Happiest Effect': een Magnifiek Landhuis waarin Rijkdom en Goede Smaak op de Best Mogelijke Manier zijn gecombineerd.

Nu kon de Pittsburghse society echt niet meer heen om de jonge Mrs. Hostetter, die zich met zoveel schwung een weg had gebaand door een omgeving die haar aanvankelijk slechts met kille vijandigheid had begroet. Met ingang van het jaar 1895 kregen Mrs. T.R. Hostetter en haar twee dochters – de jongste, Verna, was in januari 1893 geboren – dan toch hun eigen vermelding in *The Pittsburgh and Allegheny Blue Book*. Dat betekende dat het meisje uit Jamestown, amper vier jaar na haar veelbesproken huwelijk, erin geslaagd was om eerst haar schoonfamilie en vervolgens de elite van een van de rijkste steden van Amerika te veroveren.

3

De Mazzelkoning

Op welk moment zou Allene zijn gaan vermoeden dat er iets serieus mis was met haar echtgenoot? Dat zijn fascinatie voor alles waarbij gewed of gegokt kon worden – pokeren, paardenraces, hondengevechten, bokswedstrijden – meer was dan een jeugdzonde, waar hij met het ouder worden en de verantwoordelijkheden voor een gezin wel overheen zou groeien? En dat Tods rusteloosheid – 'He never sat still,' aldus een stalknecht – niet te beteugelen was door haar liefde voor hem of door die van hem voor haar. Integendeel, dat die steeds erger zou worden, en uiteindelijk zijn ondergang zou worden?

Aan een vriend zou ze later vertellen dat het omslagpunt was gekomen in de herfst van 1895, kort nadat hun jongste dochter ziek geworden was en, tragisch genoeg precies op Greta's vierde verjaardag, was overleden. Zelf lijkt Allene die slag al vrij snel te boven zijn gekomen. De sterfte onder baby's en peuters was nu eenmaal hoog in deze jaren – ruim de helft van de kinderen stierf voor het vijfde levensjaar. Om die reden raadden dokters jonge ouders vaak aan om zich in de eerste tijd vooral niet te veel aan hun kindje te hechten. Daarbij waren zij en Tod nog zo jong, er zouden zeker nog vele kinderen komen.

Maar voor Tod leek de kleine Verna een dode te veel. Misschien kwam het doordat zijn jeugd al overschaduwd was geweest door het vroegtijdige overlijden van twee oudere broers – de eerste stierf op zijn drieëntwintigste aan de gevolgen van een infectie die hij tijdens een Grand Tour in Europa had opgelopen, de tweede overleed op zijn zeventiende aan een besmettelijke ziekte – en door de vroege dood van zijn vader, wiens oogappel hij was geweest. En nu moest hij ook zijn tweejarige dochtertje gaan begraven, op het familieperceel op Allegheny Cemetery, hoog in de heuvels, terwijl hij verder niets dringends of wezenlijks in zijn leven had wat hem van zijn verdriet af kon leiden.

Want dat laatste was natuurlijk de basis van Tods onrust. Een 'collega-erfgenaam' van hem, William Vanderbilt, zou ooit met een opmerkelijk vertoon van zelfinzicht opmerken hoe lastig het leven is als je vader alles heeft bereikt wat er menselijkerwijs maar te bereiken is, en jou, naast zijn miljoenen, geen enkele ruimte meer heeft nagelaten om zelf nog iets te betekenen. 'Inherited wealth is a real handicap to happiness,' zoals hij zei. 'It is a certain death to ambition as cocaine is to morality.'

*

In de winter van 1895-1896 ontmoette Tod de man die zijn nemesis zou worden, David 'Davy' C. Johnson. Deze geboren New Yorker was de eigenaar een eigen renstal, enkele gokhuizen en een reputatie als een van de meest legendarische gokkers van het continent. Toen Tod hem leerde kennen was hij negenendertig; zijn dood, vijftien jaar later, zou hij gememoreerd worden met een mengeling van ontzag en verbazing:

Je hebt spelers en gokkers, maar dit land heeft nooit meer zo'n man gehad als deze. Hij speelde het spel sinds hij tien jaar oud was en incasseerde verliezen met een glimlach. Een nederlaag maakte hem nooit wanhopig. Zijn koelbloedigheid als er duizenden dollars op het spel stonden was ongelofelijk. Vaak leek hij nauwelijks geïnteresseerd in de resultaten, terwijl iemand anders in zijn positie bijna gek was geworden van onzekerheid. Johnson was waarschijnlijk de fanatiekste speler die ooit op Amerikaanse bodem opereerde. Het was niet ongebruikelijk voor hem om bij een wedstrijd tot 50 000 dollar in te zetten. En op wat hij een saaie middag noemde, had hij de gewoonte centen op te gooien voor 1000 dollar per keer.

Al snel bracht Tod steeds meer tijd door met zijn oudere vriend in New York, dat dankzij de invloed van het nieuwe geld aan het uitgroeien was tot de enige plaats in Noord-Amerika die zich wat betreft invloed en uitstraling kon meten met de grote Europese steden. De toonaangevende reisgids Baedeker schreef in 1893: 'It is the wealthiest city of the New World, and inferior in commercial and financial importance to London alone among the cities of the globe.'

Aanvankelijk verbleef Tod tijdens deze uitstapjes aan boord van de Duquesne in de jachthaven van de New York Yacht Club. Maar toen zijn medeleden bezwaar begonnen te maken tegen de al te veelvuldige aanwezigheid van de bepaald niet *salonfähige* Johnson, huurde hij een vier etages tellend herenhuis compleet met eigen stallen aan 8 East 65th Street. Het huis was op loopafstand van het Waldorf Astoria, waar Johnson een suite bewoonde, en de clubs van Broadway, waar het duo bekendstond als *high rollers* – mannen voor wie geen uitdaging te groot was.

Tod bleek een al even koele, zo niet nog koelere speler dan zijn vriend – 'the nerviest gentleman player', in de woorden van een New Yorkse avondkrant. Verliezen nam hij schouderophalend, bij winst trakteerde hij iedereen, of hij gaf de gewonnen dollars weg aan een voorbijlopende krantenjongen. Vooral bij paardenraces was zijn geluk legendarisch. Hoewel hij de indruk wekte zomaar een winnaar te prikken, wist het personeel van de door hem gefrequenteerde restaurants de kranten later te vertellen dat hij wel degelijk nauwkeurig eerdere uitslagen bestudeerde alvorens zijn geld in te zetten. In gokkerskringen verwierf hij zich al snel een bijnaam: *the Lucky Plunger*, de Mazzelkoning.

Terwijl Tod op Broadway glorieerde in zijn nieuwe rol, verzonk het land om hem heen steeds dieper in een schijnbaar uitzichtloze economische recessie. Het contrast tussen de kleine elite die aan de goede, en de ontelbare *have nots* die aan de verkeerde kant van de Amerikaanse droom terechtgekomen waren, werd nu wel heel schrijnend – en des te schrijnender omdat zich in de eerste groep ook de aanstichters bevonden van The Wall Street Panic of '93, en daarmee van alle ellende voor de gewone Amerikanen.

Met name in liberale kring werden steeds meer vraagtekens gezet bij het ongelimiteerde kapitalisme, zoals dat tot nu toe in de Verenigde Staten als evangelie had gegolden. Typerend is een artikel in *The New York Times* op 12 juli 1896, waarin verslag werd gedaan van het vertrek van Tods Duquesne en enkele andere dure jachten voor de jaarlijkse cruise van de New York Yacht Club. De NYYC-cruise gold als het onbetwiste hoogtepunt van het zeilseizoen. Een armada van honderden zeiljachten voer langzaam de ruim honderd mijl lange Long Island Sound op, terwijl de deelnemers zich vermaakten met races, regatta's en feesten. Er werd gezegd dat je in de havens waar de vloot 's avonds aanmeerde, de volgende ochtend over de champagnekurken naar de overkant kon lopen. Voor de dienstdoende *New York Times*-verslaggever vormde de afvaart echter vooral een mooie aanleiding om nog eens te wijzen op de extreme tweedeling in het Amerika van deze dagen:

Vroeg in de ochtend lagen een aantal stoomjachten geankerd bij East 26th Street en de sfeer op en rond de pier van het Department of Correction was opgewekt. Voortdurend kwamen rijtuigen aan met uitbundige gezelschappen, die naar de jachten werden gebracht in kleine motorbootjes en sloepen. Te midden van al deze vrolijkheid arriveerde ook de stoomboot Thomas E. Brennan van Blackwell's Island, met daarop ongeveer vijftig ongelukkige mannen en vrouwen die voor een of ander vergrijp een straf op het eiland hadden uitgezeten. Ze werden aan wal gebracht om te worden vrijgelaten. Ze groepten samen aan één kant van de pier en vormden een droevig contrast met de rest.

Aan de ene kant zag je gezonde, rijke en gelukkige mannen, en knappe vrouwen, goed gekleed en op het punt om aan boord te gaan van een aantal van de mooiste jachten van de wereld. Aan de andere zag je mannen en vrouwen, oud en jong, armoedig, treurig en allemaal waarschijnlijk zonder ook maar een cent in de wereld die ze van zichzelf konden noemen. Ze keken naar het vrolijke tafereel bij het Club Station en sloften de pier af. De jachteigenaren en hun vrienden vertrokken in hun boten, en vergaten al snel, als ze het überhaupt hadden opgemerkt, de scène op de pier van East 26th Street.

Deze zelfde zomer maakte voor het eerst in de Amerikaanse geschiedenis een democratische kandidaat een serieuze kans om in het Witte Huis terecht te komen. William Jennings Bryan beloofde maatschappelijke hervormingen en het aanpakken van de wijdverspreide corruptie en hebzucht die het land in het verderf hadden gestort. Maar op het laatste moment lanceerden ondernemers en het financiële establishment, daarbij gesteund door de kerk, een felle tegencampagne, waarin ze het publiek voorhielden dat verwerpelijke verschijnselen als socialisme en vakbonden juist de grootste bedreiging vormden voor wat er nog over was van de nationale welvaart.

Op 3 november 1896 won de republikeinse kandidaat William McKinley. En dus bleven de rijken feesten en de armen lijden – al ging dat laatste wel gepaard met steeds openlijker gemor en protest. Toen een New Yorks society-echtpaar midden in de koude crisiswinter van 1897 aankondigde het grootste en duurste bal te geven dat ooit in de stad was georganiseerd – voor achthonderd gasten zouden twee hele verdiepingen van het Waldorf Astoria Hotel omgebouwd worden tot het hof van Versailles voor de lieve som van 400 000 dollar – kreeg het een ware volkswoede over zich heen. Alle kritische publicaties, woedende reacties en zelfs doodsbedreigingen konden hen niet van hun plan afbrengen en het gewraakte bal ging op

10 februari gewoon door. En als om nog eens te demonstreren hoe onaantastbaar zij zich voelden en hoe weinig ze zich aantrokken van de woede van het plebs of de misère waarin hun minder gefortuneerde landgenoten moesten leven, liet de gastheer het bal openen met het spelen van het bekende liedje 'If You Ain't Got No Money, You Need Not Come Round'.

Ondertussen had de zogeheten *yellow press*, de schandaalpers, de smaak te pakken gekregen van het aan de schandpaal nagelen van multimiljonairs. William Waldorf Astor, erfgenaam van het gelijknamige fortuin, voelde zich op een gegeven moment zelfs zo bedreigd door de steeds agressievere persmuskieten dat hij uitweek naar Europa, in de hoop daar wat meer respect en terughouding te vinden ten aanzien van de *leisure class*, de niet-werkende klasse, waartoe hij als gevolg van zijn geboorte nu eenmaal behoorde. Helaas deden nieuwerwetse uitvindingen als de telegraaf en de telefoon nieuwtjes een stuk sneller over de oceaan reizen dan hijzelf. Bovendien bleek de Engelse schandaalpers minstens zo venijnig als die in New York. Het gevolg was dat Astor zijn doen en laten nu aan twee kanten van de oceaan onder een vergrootglas zag gelegd en minder bewegingsruimte had dan ooit.

Tod Hostetter was op dit moment voor de kranten nog maar een kleine vis – een malle jonge miljonair uit Pittsburgh die een slechte smaak had in vrienden. Voor hem waren de voor het land zo essentiële presidentsverkiezingen van 1893 vooral interessant geweest als iets waar je op kon wedden. En ook hierbij liet zijn legendarische geluk hem niet in de steek: hij had als enige alle uitslagen tot op de laatste komma goed voorspeld en won in één keer 30 000 dollar. Dat bedrag verloor hij overigens onmiddellijk weer bij roulette, het enige kansspel waarbij hij keer op keer verloor. In de woorden van een vriend:

Roulette was zijn ondergang. Hij was de grootste mazzelaar die ik kende, en hij was zo slim en hard als een stalen vossenklem, behalve als hij roulette speelde. Als hij het wiel met rust had gelaten, had hij zonder verliezen weg kunnen komen, maar hij kon er niet van afblijven. Hij was er zó zeker van dat hij uiteindelijk zou winnen.

*

Allene deed wat ze kon om haar man weg te houden uit het gezelschap van Davy Johnson en van de verleidingen van paardenrenbaan en roulettewiel. ('If one has the will and persistence, one CAN do things.') Ze maakte het Hostetter House aan Raccoon Creek tot het toneel van wat later omschreven werd als 'many a gay nineties party'. Nog jaren zouden de plaatselijke bewoners zich de met vrolijke gasten gevulde, feestelijk versierde boten herinneren die van en naar Pittsburgh voeren. Ook verder gooide ze haar charmes in de strijd, en met resultaat, want in het vroege voorjaar van 1897 bleek ze weer zwanger te zijn.

Op 2 oktober 1897 gaf Allene het leven aan een zoon, die naar zijn vader Theodore Rickey jr. werd gedoopt. De kleine Teddy, zoals hij genoemd werd om hem van zijn vader te onderscheiden, leek aanvankelijk onder een gunstig gesternte geboren te zijn. Enkele maanden na zijn geboorte koos Amerika, de eigen onafhankelijkheidsstrijd nog vers in het geheugen, de kant van de opstandelingen in de Spaanse kolonie Cuba en kwam daardoor in oorlog met Spanje. En dat betekende dat zijn vader zijn eerste, en naar later zou blijken ook zijn laatste kans kreeg om daadwerkelijk iets te betekenen voor zijn land. Tod stelde zijn Duquesne ter beschikking aan de Amerikaanse marine. Het was daardoor mede aan hem te danken dat de Amerikanen op 1 mei 1898 de Spaanse vloot letterlijk de grond in konden boren.

De oude grootmacht Spanje bleek totaal geen partij voor het moderne, door patriottisme bezielde Amerika en binnen enkele maanden was de klinkende overwinning in de Spaans-Amerikaanse Oorlog een feit.

Voor de eerste keer in hun bestaan hadden de Verenigde Staten zich gemanifesteerd als onafhankelijke imperiale mogendheid. Bij de vredesonderhandelingen wist het land zelfs eigen koloniën te bedingen in de vorm van Porto Rico en de Filipijnen. Cuba werd een Amerikaans protectoraat, Hawaï domweg geannexeerd: de sprong naar politieke wereldmacht was meer dan geslaagd.

Bovendien betekende de zo snel gewonnen oorlog een aanzienlijke *boost* in het nationale zelfvertrouwen en een zegen voor de economie, die als gevolg van de oorlogsinspanningen in rap tempo weer op stoom kwam. Maar terwijl zijn vaderland weer uit het dal omhoogklauterde, bleek Tod al te ver naar beneden afgedwaald om de weg naar boven nog te kunnen vinden. De Duquesne kwam terug naar New York en hij hervatte zijn carrière als beroepsgokker met hernieuwd elan. Zoals *The Pittsburg Press* zijn leven later eufemistisch zou samenvatten: 'Theodore Hostetter was best-known for his devotion to sports'.

In de praktijk betekende het dat Tod deel uitmaakte van de

zogenaamde Waldorf Crowd, een roemrucht clubje gokkers waartoe ook staalmagnaat Henry Clay Frick en industrieel John W. 'Bet-a-million' Gates behoorden. Laatstgenoemde stond erom bekend om tussen de potjes poker nog te wedden op bijvoorbeeld de route die bepaalde regendruppels op de ramen van het dure hotel zouden nemen. Tod deed in gokkerscreativiteit bepaald niet voor Gates onder. Als er een vlieg op tafel landde, wedde hij over de kant die het dier op zou vliegen. Als hij een ober aan zag komen lopen, zette hij in op de vraag of die wel of niet zijn blad zou laten vallen. En zag hij een bedelaar op straat, dan gokte hij op de vraag of dé man, als hij hem een honderddollarbiljet zou geven, zijn weldoener uitbundig zou bedanken of juist heel hard weg zou lopen.

'If one has no steady belief and foundation to one's life, it is all hopeless and tears,' zou Allene later met duidelijke kennis van zaken schrijven. Maar Tod had geen geloof of basis in zijn leven, en de treurigheid en tranen waren voor haar. Met het organiseren van feestjes hield ze na verloop van tijd op: de kans was groot dat haar echtgenoot er toch niet zou zijn en zijn afwezigheid zou alleen maar ongewenste vragen oproepen. Zelf werd ze ook niet vaak meer uitgenodigd. 'Society, always fearful of Tod's wild ways, never bothered much about his pretty young wife', zoals een bevriende journalist later schreef. Aan haar zo moeizaam bevochten plaats in de Pittsburghse sociale elite had ze dus uiteindelijk helemaal niets.

Steeds vaker werd de jonge Mrs. Hostetter alleen met haar kinderen gesignaleerd in de ooit met zoveel plezier gebouwde 'blokhut' aan Raccoon Creek. Ze leerde Teddy paardrijden en oefende dagenlang met Greta op de hindernisbaan naast het huis. Of ze draafde met haar paard, helemaal in haar eentje, urenlang door de donkere bossen eromheen. Het glinsterend paradijs waar ze zich in had getrouwd en waar ze zich zoveel van had voorgesteld, was een eenzame plaats geworden.

In het voorjaar van 1901 kocht Tod een nieuw jacht. De Seneca mat maar liefst honderdvijftig meter en had onderdeks zowel een pianola als een roulettewiel, zodat hij zijn gokvrienden op zijn boot kon ontvangen en vermaken. Ook kocht hij een automobiel, de 'zelfrijdende wagen' die in deze jaren de nieuwste rage was onder de rijken. Het was maar een 'small affair with no top', in de woorden van een knecht, maar klein en dakloos als die was, zorgde de auto er wel voor dat hij niet langer afhankelijk was van de beschikbaarheid van paarden, koetsiers of treinen naar New York. En dat hij nu, wanneer hij maar wilde, kon ontsnappen aan het wakend oog van zijn vrouw en familie.

Allene en haar kinderen voeren die zomer van 1901 nog mee op de Seneca. Maar Tod zagen ze nauwelijks: die zat dag en nacht onderdeks roulette te spelen met zijn vrienden. Op een gegeven moment realiseerde Allene zich dat alle wil en doorzettingsvermogen van de wereld het niet op konden nemen tegen de demonen die Tod tot hun bezit hadden gemaakt. En ook de liefde niet. Ze verliet het schip en haar man en reisde met de kinderen naar haar schoonfamilie in Narragansett Pier. Greta was op het moment dat hun moeder hun vader officieel verliet, negen, en de kleine 'Teddy' vier jaar oud. Het huwelijk van hun ouders had precies tien jaar geduurd.

*

Later zou geschat worden dat Tod er gedurende die laatste winter van zijn leven gemiddeld een kleine honderdduizend dollar per maand doorheen joeg. Hij trok, zoals *The Washington Post* het later met de nodige understatement zou noemen, 'one of the widest swaths of the sporting fraternity', een van de breedste sporen in de broederschap van gokkers. Het feit dat zijn broer Herbert hem onder curatele had gezet nadat Allene bij hem was weggegaan, weerhield hem niet. Hij leende gewoon geld bij Davy Johnson, die hem, vrienden onder elkaar, schuldbekentenis na schuldbekentenis liet tekenen.

Tods vaste pleisterplaats werd Canfield's Club, een in 1899 geopend gokpaleis aan 44th Street, pal naast het wereldberoemde restaurant Delmonico's en tegenover het chique Sherry Hotel. De eigenaar, Richard Canfield, was in een vorig leven portier geweest bij de prestigieuze Union Club en wist precies waar mannen met te veel geld en te weinig uitdaging in hun leven behoefte aan hadden. Zijn club ademde luxe en privacy uit, of dat nu was voor klanten die wilden afspreken met een vrouw die niet de hunne was of voor miljonairs die hun geluk wilden wagen met baccarat of aan de roulettetafel.

Een New Yorkse krant zou later beeldend schrijven: 'Canfield's was the scene of many a wastrel heir's downfall' – het decor van de ondergang van menige nietsnut. Onder die nietsnutten bevonden zich twee kleinzonen van Cornelius Vanderbilt. Eentje slaagde erin om er op één avond maar liefst 120 000 dollar te verliezen, terwijl zijn neef Reginald 'Reggie' Claypoole er in een half jaartje tijd voor meer dan 400 000 dollar aan schuldbekentenissen wist te verzamelen. En dan was er natuurlijk Tod, de jonge Pittsburgher, die zijn verdriet om zijn gestrande huwelijk en zijn verloren leven avond na avond verzoop en aan het einde van de avond alles ondertekende wat aan hem werd voorgelegd.

Op Allenes dertigste verjaardag, op 7 juli 1902, was Tod er niet bij. Zij vierde die dag met haar kinderen bij haar schoonfamilie in Narrangansett Pier. Eerder dat jaar had ze een klein huis aan East 73th Street gehuurd als New Yorks pied-à-terre voor haar en voor haar ouders, die uit Jamestown waren overgekomen om hun dochter in deze zware tijden bij te staan. Verder zocht ze afleiding en troost bij haar paarden. Zo gooide ze op 21 augustus hoge ogen tijdens de eerste paardenshow in Narrangansett Pier, met wat *The New York Times* omschreef als 'a handsome pair of piebald ponies' – twee mooie grijze paardjes met onregelmatige zwarte vlekken.

Ondertussen deed Tod tussen het gokken door halfslachtige pogingen om het weer bij te leggen met zijn familie en zijn vrouw. Op 30 juli voer hij met de Seneca naar de jachthaven van de Larchmont Club voor een bezoek aan zijn broer Herbert. Dat hij bij die gelegenheid nogal kortademig was, werd aan zijn gewicht geweten – altijd al kort van postuur en met een aanleg tot gezetheid, was hij nu ronduit dik geworden. Die avond was hij in het Waldorf Astoria. Hij klaagde over een verkoudheid, die hij die dag aan boord van zijn schip opgelopen meende te hebben.

Twee dagen later – het was inmiddels vrijdag – bracht hij een kort bezoek aan de Duquesne, waar hij zijn steward instructies gaf over de installatie van een nieuw roulettewiel, die de dag daarop zou plaatsvinden. De zaterdagavond daarop bracht hij door in zijn huis aan East 65th Street, pokerend met vrienden. Het spel werd, zoals gebruikelijk, met groot fanatisme gespeeld en toen de gastheer tegen middernacht serieuze tekenen van ademnood begon te vertonen, was er niemand die op het idee kwam om een dokter te halen.

En zo stierf de Mazzelkoning in de vroege ochtend van de derde augustus aan wat later een verwaarloosde longontsteking bleek te zijn, tussen zijn kaarten en vrienden die geen vrienden waren, en uiteindelijk helemaal alleen. Hij was nog maar tweeëndertig jaar oud.

*

Tods lichaam werd meteen die zondagnacht al met de trein naar zijn geboortestad teruggebracht. Allene, die die ochtend overhaast vanuit Rhode Island naar New York was gereisd, was op dat moment nog bij haar ouders aan East 73th Street. De volgende ochtend – de kranteninkt waarmee de dood van de jonge Pittsburghse miljonair werd gemeld was nog maar nauwelijks droog – belde gokhuiseigenaar Richard Canfield daar aan. Hij presenteerde de verbijsterde weduwe een stapel door haar echtgenoot ondertekende schuldbekentenissen, voor een totaalbedrag van meer dan een kwart miljoen dollar.

De begrafenis vond plaats op dinsdag 5 augustus. Het grootste deel van de dag lag Tods lichaam, omringd door wilde bloemen, opgebaard in de ontvangsthal van het huis van zijn zuster aan Western Avenue. 's Middags werd daar ook de dienst gehouden. De belangstelling was overweldigend, want wat zijn zwakheden ook geweest mochten zijn, de overledene was altijd de gulheid en de vrolijkheid zelve geweest en had nooit een vlieg kwaad gedaan.

Aan het eind van de middag werd Tod ter aarde besteld naast zijn broers, zijn vader en zijn dochtertje op het Allegheny Cemetery. Zijn kist werd gedragen door zijn jeugd-vrienden, onder wie de zonen van staalmagnaat Andrew Carnegie en die van treintycoon Joshua Rhodes. Jongens, kortom, die nog niet zoals hijzelf ten onder waren gegaan aan een teveel aan geld en het succes van hun vaders.

*

In eerste instantie wist de Hostetter-familie de omstandigheden waaronder hun zwarte schaap gestorven was met succes uit de pers te houden. Hij zou, zo luidde het officiële verhaal, zijn gestorven in een sanatorium aan Park Avenue, aan een niet nader gespecificeerde ziekte. Dat de kranten in de winter van 1903 toch lucht kregen van de zaak, was voornamelijk te danken aan Davy Johnson, die op 20 januari van dat jaar in Pittsburgh een rechtszaak aanspande tegen Tods erfgenamen. De inzet was een bedrag van 115 000 dollar dat hij van Tod gewonnen zou hebben met zijn favoriete kop-of-muntspelletje.

Al dan niet toevallig diezelfde dag deed de New Yorkse politie een inval in Canfield's Club en arresteerde de bedrijfsleider. De beschuldiging was dat hij de jonge Hostetter in de nacht van 15 april 1902 doelbewust dronken zou hebben gevoerd om hem een schuldbekentenis van 30 000 dollar te laten tekenen. Eerdere pogingen om het beruchte gokhuis te laten sluiten – met name nadat de jonge Vanderbilts er zulke gevoelige verliezen hadden geleden – waren mislukt. Maar deze keer was het raak. De rechercheurs van de Metropolitan constateerden dat in Canfield's op grote schaal gebruik werd gemaakt van alle mogelijke valsspelerstrucs: *trick wheels, fake faro layouts* en *false and clogged dice*. Daarmee was het doodvonnis van de club getekend.

65

De inval op 44th Street betekende echter ook het einde van de hoop om Tods droevige einde uit de openbaarheid te houden. Op 7 februari 1903 opende de voorpagina van *The New York Times* met de kop 'Theodore Hostetter – "The Lucky Plunger" – Lost a Million in a Year'. Volgens de krant was uit de nagelaten papieren gebleken dat hij Davy Johnson ten tijde van zijn dood maar liefst 620 000 dollar schuldig was. Daarnaast zou hij nog drie ton hebben uitstaan bij Canfield's en andere gokhuizen, wat zijn totale schuld op een miljoen dollar bracht.

Richard Canfield ontkende de volgende dag bij monde van zijn advocaat meteen iedere betrokkenheid. Hij verklaarde Tod zelfs helemaal niet gekend te hebben. Davy Johnson echter gaf interviews aan zo ongeveer iedere journalist die zich bij hem meldde. Hij verklaarde dat zijn advocaten de zaak in Pittsburgh buiten zijn medeweten hadden aangespannen en dat hij die onmiddellijk had stopgezet toen hij ervan hoorde. Het was, zo zei hij, onsportief om gokschulden via de rechter te vereffenen. Hij leek oprecht geschokt door de dood van zijn jonge vriend:

Ik hield van Tod. Hij was de sportiefste kerel die ik ooit heb ontmoet. Ik betreur deze publiciteit, vooral vanwege zijn vrouw en kinderen. Ik heb ze gisteren nog zien rijden in het park. Zijn weduwe zal getuigen dat ik haar goed behandeld heb. Ik geloof dat Mrs. Hostetter zal zeggen dat ik altijd fair ben geweest tegen haar echtgenoot, dat ik een oprechte vriend voor hem was, dat ik persoonlijk op hem gesteld was en dat ik van meer waarde voor hem geweest ben dan ik hem kostte, in aanmerking genomen wat een wilde gokker hij was. Maar het was moeilijk om iemand die rustig 1000 dollar inzette bij een polowedstrijd in Narragansett Pier, in het gareel te houden.

Enkele weken later zou Johnson aankondigen zijn renstal te verkopen en voorgoed te stoppen met welke vorm van wed-denschappen dan ook. De claims die hij had op de nalaten-schap van Tod Hostetter werden achter gesloten deuren afge-handeld.

Overigens wist Johnson het leven zonder weddenschappen net zomin vol te houden als zijn overleden vriend: acht jaar later zou hij sterven als de verstokte gokker die hij zijn leven lang geweest was. 'Famous Plunger Accepts Last Bet', kopte een krant passend boven zijn overlijdensbericht. En wat de mooie jonge weduwe, zoals *The Evening World* Allene beti-telde, betreft: die hield wijselijk haar mond. Allene lijkt na de dag van Tods begrafenis geen dag langer dan strikt noodza-kelijk gebleven te zijn in de stad die ze ruim elf jaar de hare had genoemd, maar waar ze zich nooit werkelijk welkom had gevoeld. Ze liet haar echtgenoot en jongste dochter achter in hun graven in de heuvels, ze liet de Hostetter-clan achter met hun verkapte alcoholimperium en ze liet Pittsburgh achter onder zijn zwarte roetwolk. Ze nam haar dochter en zoon met zich mee, en vertrok via dezelfde route die ze in 1891 gekomen was, alleen nu andersom, van Pittsburgh naar New York.

En ze keek niet meer om.

4

New York, New York

Als Allene een geschikte mierenhoop had gezocht om in te verdwijnen, dan had ze daarvoor geen betere plek kunnen verzinnen dan de *Empire City*, zoals New York zich nu trots noemde. Nadat het eiland Manhattan vier jaar eerder samengevoegd was met omringende wijken als Queens en Brooklyn, was de stad met 3,5 miljoen inwoners na Londen de grootste ter wereld geworden. En nog altijd was het een ongekende immigrantenmagneet: op sommige dagen verwelkomde de grenspost op Ellis Island niet minder dan eenentwintigduizend nieuwkomers.

Manhattan groeide uit tot het steengeworden symbool van wat menselijk vernuft en energie vermochten. De toepassing van staalconstructies en de *safety hoister*, de lift, zorgden ervoor dat de gebouwen almaar hoger werden, met het twintig verdiepingen tellende Flatiron in 1902 als voorlopig hoogtepunt. Het ooit zo duistere Broadway veranderde in een *Great White Way*, waar het publiek zich dag en nacht vergaapte aan de reusachtige, helverlichte etalages van exclusieve warenhuizen en modezaken – dit dankzij de uitvinding van 'een kleine bol zonlicht, waarlijk een lamp van Aladdin', de gloeilamp van Thomas Edison.

Hoewel sommige schrijvers, zoals Edith Wharton en Henry James, uitweken naar Europa uit afschuw van het brute beton, het harde licht en de vulgariteit van industrieel Amerika, kwamen andere kunstenaars juist massaal af op de modernste, meest bruisende en minst burgerlijke stad ter wereld. In de woorden van de schrijver Charles Eliot Norton:

Dit is een geweldige stad. Er is een wonderlijke vitaliteit in het eerste deel van haar naam, want ze is in essentie Nieuw en zal dat waarschijnlijk altijd blijven. De enige oude dingen hier zijn de kranten van gisteren.

Voetgangers, koetsen, paard-en-wagens, ezelskarren en fietsers vochten om een plek in de straten met automobielen, omnibussen en de geëlektrificeerde trolleys, die sinds 1900 als openbaar vervoer werden ingezet. De geur van paardenstront vermengde zich met die van uitlaatgassen, overal klonk getoeter, gebel en geschreeuw en daarboven krijste de 'El' – de *elevated trains*, die over de hele lengte over Manhattan liepen en bedoeld waren om de algehele chaos te verminderen, maar daar op de een of andere manier alleen maar aan toe bijdroegen.

Hoe gevaarlijk de confrontatie van de oude met de nieuwe tijd kon zijn, ondervond Allene aan den lijve op 14 mei 1903, toen de paarden van het rijtuig waarin ze zat zo schrokken van een omnibus dat ze op hol sloegen. Zowel paarden als passagiers kwamen er met de schrik van af, maar naar aanleiding van dit soort ongelukken en het schrikbarend aantal slachtoffers dat het stadsverkeer begon te eisen, werd dat jaar begonnen met de aanleg van een ondergrondse treintunnel, die het begin zou vormen van het New Yorkse metronetwerk.

Geen gastvrijere, maar ook geen ontrouwere stad dan New York, met haar 'pull-down-and-build-all-over-again spirit', haar sloop-en-herbouwmentaliteit, zoals dichter Walt Whitman het bondig uitdrukte. Nu de automobiel paardenstallen overbodig maakte en het makkelijker werd om te forenzen tussen buitenhuis en stad, werden luxueuze appartementencomplexen steeds gewilder.

De grote pronkpaleizen van de nieuwe rijken, nog maar kortgeleden gebouwd voor de eeuwigheid, vielen de een na de ander ten prooi aan de sloperskogel. Daarbij belandden in de meeste gevallen ook de uit Europa weggekochte interieurs van onschatbare kunsthistorische waarde in de container. In antwoord op de vraag of die ten minste niet bewaard konden worden, vatte een sloper de sfeer van New York in deze dagen goed samen: 'Ik doe niet in tweedehandsspullen.'

Achteraf bleek het moment waarop Tod zich letterlijk had doodgegokt, zo goed als precies samen te vallen met het einde van het tijdperk waarvan zijn leven onbedoeld een symbool was geworden. Want terwijl de kranten in het voorjaar van 1903 nog vol stonden met verhalen over zijn gokmanie, welde er alweer een nieuwe golf van publieke verontwaardiging op – nu met als mikpunt de excentrieke industrieel C.K.G. Billings uit Chicago, die een verdieping in het Sherry Hotel had afgehuurd voor een gekostumeerd diner voor zesendertig gasten te paard. Deze keer bleek de publieke opinie het grote geld te machtig: het diner ging door, maar op een andere, strikt geheimgehouden locatie en *Billings Horseback Dinner* zou de geschiedenis in gaan als een van de laatste stuiptrekkingen van de Gilded Age.

Het uitzinnige hedonisme en de absurde luxe die de laatste decennia van de negentiende eeuw zo'n klatergouden klank hadden gegeven, raakten simpelweg uit de mode. Zelfs een verwende societykoningin als Alva Vanderbilt ging op zoek naar wat betekenisvollere manieren om haar leven inhoud te geven en sloot zich aan bij de suffragettes. Tegelijkertijd werden de *filthy rich* allengs wat minder vuil en rijk, dit dankzij de jonge politicus Theodore Roosevelt, die in 1901 de aan de gevolgen van een moordaanslag bezweken McKinley als president was opgevolgd. Roosevelt was weliswaar republikein, maar aanzienlijk gevoeliger voor de veranderende tijdgeest dan zijn voorganger. Hij legde onder andere het bankwezen, de voedselindustrie en de spoorwegtrusts aan banden, introduceerde hogere belastingen en ging als eerste in overleg met de tot dan toe illegale vakbonden.

Ook in het leven van de Hostetters deden de veranderende tijden zich gelden. Zowel de belastingdienst als de drooglegggers hadden het bitterimperium stevig in het vizier en op sommige plaatsen werden al apothekers vervolgd die het waagden het omstreden kruidendrankje nog als medicijn te verkopen. In 1905 zou Hostetter's Bitters officieel op de lijst van alcoholische dranken gezet worden en ook als zodanig worden belast.

Greta en Teddy Hostetter erfden dus wel de restanten van het bezit van Tod Hostetter, zoals het jachthuis aan Raccoon Creek, maar niet meer de jaarlijkse Niagarawaterval aan dollars waar hun vader in ten onder was gegaan. En wat Allene betreft: die leek helemaal niets geërfd te hebben, behalve dan de persoonlijke speelschulden van haar man en zijn door het slijk gehaalde achternaam. Haar zwager Herbert, met wie ze nooit goed overweg had gekund, hield het beheer over zowel de afwikkeling van Tods nalatenschap als de erfenis van diens kinderen.

Dat betekende dat Allene voor iedere belangrijke beslissing naar het verfoeide Pittsburgh moest. En dat ze, als ze zo nodig in New York wilde wonen, daar genoegen moest blijven nemen met haar amper zes meter brede huurhuis aan 73rd Street. Ook toen haar voormalige schoonmoeder in de zomer van 1904 op vijfenzeventigjarige leeftijd overleed, kreeg ze geen cent. De vijf miljoen dollar die Rosetta achterliet werden verdeeld over haar enige overgebleven zoon, haar dochter en de kinderen van Tod.

*

Eigenlijk was er maar één manier waarop een vrouw zonder professie of eigen middelen van bestaan in deze dagen haar leven een nieuwe draai kon geven, en dat was via een man. En die kwam er dan ook, behoorlijk vlot zelfs. Op 28 augustus 1904 vertoonde Allene zich tijdens de dat jaar voor de derde maal gehouden Narragansett-paardenshow voor het eerst in het openbaar met de New Yorkse effectenhandelaar Morton Nichols, de man die haar tweede echtgenoot zou worden.

Nichols was de gedroomde partner, in ieder geval op papier. Hij was de jongste zoon van de schatrijke goudhandelaar William Snowden Nichols, die al meer dan een halve eeuw actief was op de New Yorkse aandelenbeurs en gold als een van 's lands belangrijkste autoriteiten op financieel gebied. Met zijn donkerblonde krullen en blauwe ogen was hij bovendien niet onknap, al getuigde zijn kin – in zijn paspoortaanvraag omschreven als 'not heavy' – misschien niet van een al te sterk karakter. Daarbij had hij de naam nogal nurks te zijn, en niet bepaald trouwlustig.

Een societyblad had hem eerder deze zomer als volgt gekarakteriseerd:

> Morton Colton Nichols is een van de vrijgezelle clubleden die veel in societykringen worden gezien. Mr. Nichols is lid van de Metropolitan Club, waar hij praktisch woont. Hij is in 1892 afgestudeerd aan Harvard. Behalve van de Metropolitan is hij ook lid van de Union League, de Racquet Club en de University Club. Hij is een effectenhandelaar en stamt uit een oude familie in New England. Op dit moment verblijft hij als gast bij Mr. en Mrs. Reginald C. Vanderbilt in Newport.

Morton, die vierendertig jaar oud was op het moment dat hij Allene leerde kennen, had tot op dat moment inderdaad weinig blijk gegeven van een brandende behoefte om zijn comfortabele leventje in de herensociëteiten te verruilen voor de verplichtingen van een huwelijk. Hij was, met onderbrekingen, in totaal ruim vijf jaar verloofd geweest met de Britse Vivian Sartoris, de mooie kleindochter van oud-president Ulysses S. Grant. Maar tot een huwelijk was het nooit gekomen en in 1903 was ze met een ander getrouwd.

De bliksemromance lijkt dan ook vooral tot stand gekomen te zijn onder druk van Mortons tweeëntachtigjarige vader, bij wie kort ervoor een ongeneeslijke vorm van kanker was geconstateerd. Zijn twee oudste zonen waren letterlijk en figuurlijk onder de pannen: ze werkten bij hem in de zaak en waren al jaren keurig getrouwd. Er was William Nichols dan ook veel aan gelegen om zijn tot dan toe nogal richtingloze jongste zoon nog voor zijn dood een veilige haven in te loodsen. *The New York Times* schreef later dat de oude goudhandelaar Allene gesmeekt had om snel met zijn zoon te trouwen, zodat hij het nog mee kon maken.

De bruiloft vond plaats op 27 december 1904 in de St. Thomas' Church in Londen. In besloten kring – dit, zo verklaarde men, vanwege de fysieke toestand van Mortons vader. Het feit dat de plechtigheid helemaal aan de andere kant van de oceaan plaatsvond, doet echter vermoeden dat het de betrokkenen er vooral om te doen was dit opmerkelijke huwelijk tussen de spreekwoordelijke eeuwige vrijgezel en de weduwe-met-een-verhaal zo ver mogelijk uit de schijnwerpers van de publiciteit te houden.

Desalniettemin wist de Britse correspondent van *The Washington Post* het thuisfront nog op een paar opmerkelijke details te vergasten, zoals het feit dat Morton pas op het allerlaatste nippertje in de kerk arriveerde. Hij zou, luidde de officiële verklaring, het ziekbed van zijn vader niet hebben willen verlaten.

*

En zo ging Allene het jaar 1905 in – bevrijd uit de vergulde houdgreep van de Hostetters, bevrijd ook van de naam die zo'n negatieve bijklank had gekregen. Door haar verbintenis met een officiële, nog door Mrs. Astor goedgekeurde Amerikaanse *Blue Blook*-familie als de Nicholsen behoorden zij en haar kinderen nu automatisch tot de hoogste echelons van de society. En hoewel noch Teddy noch Greta ooit formeel door hun stiefvader geadopteerd zou worden, gingen ze voortaan stilzwijgend met zijn achternaam door het leven.

Na een korte huwelijksreis in Canada vestigde het gezin zich begin 1905 in een tijdelijk onderkomen aan East 76th Street, dit in afwachting van de bouw van een eigen huis. Dat laatste was een voorwaarde geweest van Allene, die na haar lotgevallen aan Western Avenue voorgoed haar bekomst had van het wonen in huizen van een schoonfamilie.

Ondertussen klampte de oude William Nichols zich tegen alle verwachtingen in nog bijna een half jaar aan het leven vast. Hij overleed op 23 juli 1905 en liet zijn jongste zoon miljoenen na. Twee weken daarna vroeg Morton een paspoort aan voor een ruim een jaar durende wereldreis die hij wilde gaan maken met zijn nieuwe gezin. Hij was, aldus de aanvraag, nu inmiddels *retired banker*. Kennelijk had hij zijn baan bij de zakenbank J.P. Morgan er meteen na zijn vaders dood aan gegeven.

De reisplannen zullen door Allene met open armen verwelkomd zijn – als ze al niet uit haar koker kwamen. Niet alleen overbrugde de wereldreis de periode tot hun nieuwe huis klaar zou zijn, ook leek het een ideale manier om haar tweede levensgezel los te weken van zijn geliefde clubs en de minder gewenste elementen in zijn vriendenkring. Want hoe verschillend Tod en Morton in karakter ook waren, ze hadden één ding gemeen: ook Morton was geen onbekende op de renbanen en onderhield innige vriendschappen met verstokte gokkers. Onder zijn vrienden had hij Reginald Vanderbilt, die bijna net zulke astronomische bedragen in Canfield's Club verloren had als Tod, en Joseph Ullman, de eigenaar van een bekende racepaardenstal en de grootste *bookmaker* van Amerika.

Transcontinentaal reizen was in deze jaren bovendien *all the rage* onder de Amerikaanse rijken. Waar de negentiende-eeuwse elite haar land nauwelijks uit gekomen was – Tod Hostetter had niet eens een paspoort gehad – deed die van deze opwindende nieuwe eeuw niet anders. Grote rederijen als de White Star Line en de Cunard Line wedijverden met elkaar in de grootte, snelheid en luxe van hun majestueuze oceaanstomers. Sommige schepen hadden zelfs al interne telefoonverbindingen aan boord.

Dat Allenes kinderen een deel van hun schoolopleiding moesten missen werd niet als probleem ervaren. Zo'n wereldreis zou ook goed zijn voor hun ontwikkeling en hen helpen de schokkende gebeurtenissen in hun jonge leven te verwerken. De scheiding van hun ouders, de dood van en het schandaal rond hun vader, de plotselinge verhuizing naar New York en, kort daarop, de komst van een volstrekt onbekende man die hun nieuwe vader was – al gaf die er weinig blijk van hen als meer dan noodzakelijke bagage van zijn vrouw te beschouwen.

*

Via de societyrubrieken, die het thuisfront nauwkeurig op de hoogte plachten te houden van de bewegingen van de zogeheten *Steamer Set*, is de reis van het gezin Nichols goed te volgen. Na zich in september te hebben ingescheept, brachten ze de winter door in Azië, waar ze onder andere Singapore en Batavia aandeden. In het voorjaar bezochten ze Egypte. Vervolgens werd de steven gewend in de richting van Europa, voor uitgebreide bezoeken aan Londen, Parijs en de Franse Rivièra.

Gedurende dit deel van haar reis liet Allene haar ouders vanuit New York overkomen. Ze kocht een appartement voor hen in Nice, waar ze, zoals van oudsher zoveel Russische en Europese aristocraten hadden gedaan, een rustige oude dag konden doorbrengen in de milde Zuid-Franse zon.

Vervolgens reisde het gezin weer verder, nu naar de Amerikaanse westkust, waarbij onder andere Hawaï en Los Angeles werden aangedaan. In de herfst van 1906 arriveerden ze weer in New York, waar ze hun intrek namen in een gloednieuw *townhouse* aan 57 East 64th Street, dat zich meteen al een van de mooiste en elegantste van de stad mocht noemen.

Het ontwerp van het Allene Tew Nichols House, zoals het bouwwerk naar de opdrachtgeefster werd vernoemd, was van de hand van een van de meest modieuze architecten van deze jaren, Charles 'Cass' P.H. Gilbert. Hij was opgeleid aan de toonaangevende École des Beaux-Arts in Parijs, en de populaire, kosmopolitische stijl die daar in deze dagen *en vogue* was, met veel aandacht voor symmetrie en balans, was hem op het lijf geschreven. Het lichtgrijs bepleisterde en van een gebogen gevel voorziene gebouw dat hij voor Allene had gebouwd, had zeven verdiepingen en telde onder andere een zespersoonslift, zeven open haarden en twaalf slaapkamers, elk voorzien van een badkamer.

Hoe het huwelijkse leven van het echtpaar zich ondertussen ontwikkelde is niet gedocumenteerd, maar de kans is groot dat Morton, clubman *at heart*, zich onmiddellijk na thuiskomst weer als vanouds nestelde in de behaaglijke leren fauteuils en de even behaaglijke sfeer van zijn herensociëteiten. Hij bleef de Metropolitan Club in ieder geval gewoon als postadres gebruiken.

Allene op haar beurt lijkt niet al te zeer geleden te hebben onder de afwezigheid van haar weinig inspirerende echtgenoot. Ze had een huis om in te richten, kinderen om op te voeden – de vijftienjarige Greta werd ingeschreven bij Miss Spence's School for Girls, een elitaire meisjesschool aan de Upper West Side, de negenjarige Teddy kreeg een huisleraar – en het New Yorkse societyleven om zich in te manifesteren. Al snel stond Allene bekend als een uitstekend en onvermoeibaar organisatrice van vooral benefieten voor diverse goede doelen, zoals scholen en ziekenhuizen.

En niet alleen kon de jonge Mrs. Nichols goed regelen, ze kon ook entertainen. Dat laatste – al zal ze dat de dure dames met wie ze nu in allerlei comités actief was niet verteld hebben – met dank aan haar jeugd in een ouderwets immigrantenstadje als Jamestown, waar allerlei nog uit Europa meegenomen bijgeloven welig tierden. Ze had daar leren waarzeggen en handlezen, en ze had er tijdens hun wereldreis haar medepassagiers al met succes mee geamuseerd.

*

In de herfst van 1906 werd Californië getroffen door een zware aardbeving, die meer dan drieduizend levens eiste. Wall Street schudde op haar grondvesten: de koersen daalden alarmerend en een nieuwe economische crisis leek onvermijdelijk. Ook nu weer was de paniek te wijten aan een luchtbel onder de markt, als gevolg van *financialization* – oftewel gegoochel met geld. In dit geval waren de trustfondsen de grote schuldigen. Eigenlijk waren ze bedoeld om familievermogens te beheren, maar nadat Roosevelt de reguliere bankinstellingen aan banden had gelegd, bleken ze gebruikt te worden als een soort piratenbanken.

Het eerste fonds dat omviel was de onaantastbaar geachte Knickerbocker Trust. Daarna leek het nog maar een kwestie van tijd voor de rest zou volgen – inclusief The Manhattan Company, waarin het complete fortuin van de familie Nichols was ondergebracht. En vervolgens zou het hele financiële systeem meegesleurd worden, net zoals na The Wall Street Panic of '93 was gebeurd. Angstige weken volgden, waarin de Amerikaanse regering wanhopig probeerde genoeg geld bij elkaar te brengen om het systeem te redden en het land voor een nieuwe catastrofe te behoeden. De vijfentwintig miljoen dollar die bij elkaar gebracht kon worden, werd ter beschikking gesteld aan topbankier J.P. Morgan, die de King Jupiter van Wall Street werd genoemd.

Begin november werd duidelijk dat Mortons voormalige werkgever er inderdaad in geslaagd was de trustfondsen, en daarmee de financiële stabiliteit van zijn land, overeind te houden. De koersen vonden hun weg terug naar boven, de bevolking herademde en voor de New Yorkse rijken was het weer *business as usual*. Misschien met nog meer zelfvertrouwen dan voorheen, want was de *Bankers' Panic of 1907* niet het ultieme bewijs dat de moderne mens alles, zelfs een dreigende financiële incenstorting naar zijn hand kon zetten?

Wat echter zelfs in deze tijd niet geforceerd kon worden, hoe goed de bedoelingen van beide partijen misschien ook waren, was een gelukkig huwelijksleven. Allene en Morton werden steeds minder vaak gezamenlijk gesignaleerd of genoemd in de krantenkolommen. De laatste keer was op 11 november 1908, met als aanleiding een inbraak in het huis aan 64th Street waarbij voor 1500 dollar aan juwelen was buitgemaakt. De sieraden waren van Greta. Zelf had ze, vertelde Allene aan de verslaggever, haar kostbaarheden opgeborgen in een kluis voordat ze die avond met haar man naar het theater ging.

Na deze nooit opgeloste diefstal – Morton had hun Canadese butler aangewezen als schuldige, naar later bleek onterecht – werd het stil rond het echtpaar, even stil als het geworden was gedurende de laatste jaren van Allenes huwelijk met Tod. Het enige lid van het gezin dat nog even opdook in de pers was haar zoon Teddy, en wel op 30 september 1909, de dag dat New York voor de allereerste keer een vliegmachine te zien kreeg.

De hele stad was uitgelopen om zich te vergapen aan de uitvinding van Orville en Wilbur Wright, twee fietsenmakers uit Ohio. Terwijl hun tweemotorige vliegtuigje een rondje vloog om het Vrijheidsbeeld en vervolgens een duikvlucht maakte over de RMS Lusitania, een Brits passagiersschip op weg naar Europa, ging er een luid gejuich op onder de menigte op de wal. Tegelijkertijd lieten de vele jachten die rond het Vrijheidsbeeld voor anker lagen hun scheepstoeters klinken. Onder die boten was, aldus een verslag in *The New York Times*, de Seneca, eigendom van 'T.R. Hostetter jr.'

Nog opmerkelijker dan het feit dat Tods exorbitante vaartuig nog steeds in de familie was, was de naam waarmee de jeugdige eigenaar werd aangeduid. Na vijf jaar als Teddy Nichols door het leven te zijn gegaan, gebruikte Allenes zoon nu opeens weer de naam van zijn biologische vader.

JAMESTOWN, N.Y.

Links: Allene (links) omstreeks 1877, samen met Mabelle Smith, een zusje van Allenes moeder, dat ook in de stalhouderij aan Western Avenue woonde.

The City of Jamestown op de Chadakoinrivier, circa 1880.

Allene Tew Hostetter rond 1892, met daaronder haar handtekening.

DAVID HOSTETTER

RESIDENCE OF **D. HOSTETTER**, *171 WESTERN AV. ALLEGHENY CITY.*
COR. OF WESTERN AV. & BIDWELL STREETS.

Linksboven: Tods vader David Hostetter (1819-1888);
rechts Theodore Rickey Hostetter, ws.
Onder: Het Hostetter House in 1876 aan 171 Western Avenue in Allegheny.

De start van een jaarlijkse zeilrace van de New York Yacht Club richting
Rhode Island Sound, Newport.

Een van Tods stoomjachten, de Duquesne.

Boven: Morton Colton Nichols (1870-1932).
Onder: Allene, zesendertig jaar oud en inmiddels getrouwd met
Morton Nichols, geportretteerd in de societyrubriek van
The New York Times, maart 1909.

Mrs. Cecil Higgins (Ethel). Mrs. William Woodward (Elsie). Mrs. Lothrop Ames (Edith). (Photo by the Misses Selby.)

MRS. MORTON C. NICHOLS,
(Mrs. Allene Tew Hostetter.)
(Photo by Aime Dupont.)

Boven: Allene, opnieuw in de societyrubriek van *The New York Times,* maart 1909.

Het Allene Tew Nichols House aan 57 East 64th Street.

Boven: Anson Wood Burchard (1865-1927).
Onder: Birchwood aan Feeks Lane bij Lattingtown, Long Island.

MISS GRETA HOSTETTER.

Greta Hostetter (1891-1918) op haar debuutfoto in
de *Pittsburgh Post-Gazette*.

AMERICAN-DESIGNED DRESSES AT MISS HOSTETTER'S WEDDING

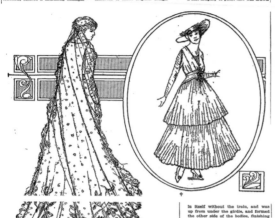

WHEN Miss Greta Hostetter, the daughter of Mrs. Anson Burchard, was married at Locust Valley on Wednesday to Glenn Stewart, Second Secretary of the American Legation at Havana, her wedding frock, and the dresses of her attendants, offered a charming example

of beautiful gowns "created" in America.

Miss Hostetter's dress was made and designed in New York. In its simplicity and dignity, in the grace of its sweeping fast-hung train, it owed nothing whatever to Paris. It is essentially an American "creation."

And the bridesmaids and maid of honor wore American "creations," too.

All the gowns, the wedding dress especially, were quite girlish and simple, all fashioned with what is often thought to be a decidedly French attention to "line." But of all of them were absolutely original, very beautifully illustrative of the ability in America to make original things.

made of cream satin, over which a draped overdress of white tulle fell in soft and graceful folds to the feet. The soft tulle bodice was caught in with a deep girdle of satin, which came up in a very sharp point over the left shoulder. On the other side a soft drapery of point lace was drawn

The most striking single thing, however, was of course the train. The long wedding train hung from the bride's shoulders to the ground, and was fastened on each shoulder with a pretty little ornament of seed pearls. The feature of the train was its lack of fullness at the top. It was absolutely flat. It had not one ripple of fullness anywhere, and it hung perfectly straight from the shoulders to below the waist-line. There, gradually and almost unnoticeably, a little fullness began to creep in. Only a dressmaker—and an expert at that—could have told how it was done.

But imperceptibly the absolutely flat train began to ripple, more and more, until it became quite circular. At the bottom of the train there was an immense amount of cream satin fullness lying on the ground. Of course, there is more fullness at the bottom of the skirts this year than there has been for some seasons. The graceful ripple about the lower part of a skirt is "new" this year. So that this train had an uncommon amount of sheer contrast between its flat beginning at the shoulders and its circular fullness as it swept along the ground. The train was cut square at the bottom and very gracefully finished with groupings of orange blossoms on one side.

Miss Hostetter's veil, in the new circular shape, had been especially made in one piece of fine point lace, and had been ordered some time ago by the house that made her dress. It fell from her head to the edge of the long train in folds as graceful as those of the train itself.

Miss Hostetter's was essentially an American wedding—a chrysanthemum wedding it was called—and the attendants were dressed in Autumn colors. In gowns of interesting as well as beautiful design. The tones of the bridesmaids' dresses were Autumn brown and chrysanthemum yellow, and the bodice was cut in a smart coatee effect. This coatee was of Autumn brown velvet, and was brought down low to form a deep girdle well down over the hips and quite close-fitting. In front the bodice, which was rather plain in a general

In itself without the train, and was up from under the girdle, and formed the other side of the bodice, finishing the right shoulder.

The upper part of the bodice was cut in the new round neck line, rather low at the throat, and finished prettily with seed pearls as a smart "edging" for the tulle. Over the shoulders the tulle was drawn down to form long tight sleeves. They were slightly draped and very close fitting, but their smartest feature was the applied piece of point lace which came low over the knuckles in what can best be described as a "gauntlet" effect. Sleeves are of course very long, close, and transparent this year, and the demands of the Autumn fashion were met, in this tulle with

lace gauntlets, with a singularly graceful and original effect.

Another girlish feature of the gown was the rolled fold of cream satin heading a tulle flounce which finished the overdress and which brought added softness to the draped skirt.

smart effect—was fastened with bunches of brown and yellow chrysanthemums and Autumn leaves in the brown and bronze Autumn tints.

Then, in an original design, extremely frou-frou skirts of yellow tulle—a chrysanthemum tone that had the clarity of a pure corn tint—flared from the plain tailored coatee. The skirts were two, one above the other so as to divide the sweep of the skirt almost equally in two parts. They were made over a slip of yellow satin and they were quite plain in the frou frou fullness and very short. The low girdle which came over the top of the skirt held the tulle flat.

The entire effect was such as prove conclusively that the striking combination of tints, materials, and even of designs, in fashions that are almost "daring" and quite fascinating, is by no means an exclusively French trait. No Parisienne could have created a more bewitching, girlish, and original design than the bridesmaid's dresses with their rich brown velvet and their flaring yellow tulle.

The sleeves were of the tulle, long and close-fitting, and the upper part of the bodice was finished with a tulle chemisette gathered at the throat with a gold cord.

The bridesmaids wore rather large picture hats of Autumn-brown velvet—the same shade as the velvet coatee—trimmed with yellow and brown chrysanthemums and Autumn leaves. And their entire costume was so arranged that the great sheaf chrysanthemums that they carried seemed a part of the entire design.

The maid of honor wore a gown and hat made precisely like those of the bridesmaids, but with no Autumn brown tones in the color scheme. The velvet of bodice and hat was chrysanthemum yellow. The dresses were all, both in color and arrangement and general design, of a quite simple and quite "practicable" sort of new Autumn models created in America.

The gowns for both the bride and her attendants were made by T. M. and J. M. Fox establishment, which has always made a specialty of wedding dresses. Mrs. Douglas, president of the company, in talking of the "creation" of gowns in America, said that the importation of ideas and clothes from France had always been more a matter of expedience than necessity.

"Owing to the tremendous pressure of work here, and the difficulty in the creation of designs, we find the inspiration of the Parisian background," she said, "we have found for the most part easier to import our models. But there is no reason why that need be done. We are quite capable in America of creating our own designs and making our own fashions and our own clothes."

Miss Greta Hostetter's Wedding Gown and Bridesmaid's Gown of Autumn Brown Velvet for Miss Hostetter's Wedding. Gowns by T. M. and J. M. Fox.

The bride's dress was a simple wedding gown, the sort of dress that a lay observer usually calls "a smart little, big thing" because it is both chic and girlish. The dress was complete

The New York Times
Published: October 25, 1914
Copyright © The New York Times

Greta's bruidsjurk in *The New York Times*, 25 oktober 1914.

Glenn Stewart en Greta Stewart Hostetter, 1916.

Ted Hostetter in zijn luitenantsuniform, begin 1918.

Boven: De neergestorte Sopwith Camel van Ted Hostetter.
Onder: Pasfoto's uit de paspoortaanvragen van Anson en
Allene Burchard, februari 1919.

Links: Het Henry P. Davison-
huis aan 690 Park Avenue,
New York.

Charlotte, Julia en Seth Rosewater, circa 1914.

De Mauretania vaart uit, New York, circa 1930.

To Wed Prince

Mrs. Anson Wood Burchard of New York, widow of the former General Electric company vice chairman, and Prince Henry XXXIII of Reuss, relative of the reigning family of Holland, will be married shortly.

Links: Heinrich XXXIII ('Henry') prins Reuss (1879-1942).
Rechts: Artikel in de *Lincoln Evening Journal*, 20 februari 1929.

*

Een echtscheiding had tijdens Allenes victoriaanse jeugd nog gegolden als een ultieme doodzonde. Maar koningin Victoria was sinds 1901 dood en begraven, en daarmee was ook het naar haar vernoemde tijdperk, inclusief de overpreutse en stijve mores van die tijd, iets uit het verleden geworden. Anno 1909 hadden miljonairs die hun huwelijk wilden beëindigen, meer dan voor de toorn van God of de afkeuring van hun omgeving, reden om bevreesd te zijn voor de zelfbenoemde Koningin der Aarde, de pers.

Voor de *muckrakers*, zoals president Roosevelt het opdringerige journaille twee jaar eerder minachtend had aangeduid, gold een societyscheiding als het absolute hoogtepunt in hun professie. Aangezien rechtbankverslagen in Amerika openbaar waren, zagen de ongelukkigen die in hun kolommen terechtkwamen hun privéleven gewoonlijk tot op het laatste onsmakelijke detail uitgebeend. Vandaar dat John Jacob 'Jack' Astor, de zoon van Caroline Astor, na de dood van zijn moeder alles in het werk stelde om zo goed als onopgemerkt een einde te maken aan zijn berucht ongelukkige huwelijk. Toen de pers dat alsnog ontdekte, kwam hem dat op woedende commentaren en jarenlange schimpscheuten in de kranten te staan.

Het echtpaar Nichols nam, net als vele rijke Amerikanen, zijn toevlucht tot een zogeheten *Paris divorce*. In Frankrijk waren rechtbankverslagen niet openbaar en bovendien werd daar al een scheiding toegekend op grond van eenvoudig overspel, terwijl dat in Amerika alleen gold als dat buitenechtelijke verkeer bínnen de echtelijke woning had plaatsgevonden. En aangezien gescheiden vrouwen in deze tijd de naam van hun voormalige echtgenoot hielden, bleef het voor de buiten-wereld verborgen dat de 'Mrs. Morton C. Nichols', die in het voorjaar van 1909 uitgebreid voor de societypagina's van *The New York Times* werd gefotografeerd, dat in feite al niet meer was.

De foto's laten zien dat Allene op haar zevenendertigste nog steeds een uitgesproken knappe vrouw was. Maar de uit-dagende en levenslustige oogopslag die ze als meisje had ge-had, was totaal verdwenen. Twee mislukte huwelijken op rij hadden hun tol geëist en haar geleerd dat voor haar pionie-rende voorouders *will* en *persistence* misschien voldoende wa-ren geweest om hun paradijs te verwezenlijken, maar dat in haar geval het echte leven voortdurend tussenbeide was geko-men en ze haar doorzettingsvermogen vooral nodig had om er maar weer het beste van te maken.

Morton leek na de scheiding een tijdlang zo goed als hele-maal uit de stad verdwenen te zijn. Af en toe werd zijn naam nog genoemd in verband met societypartijtjes in Palm Beach, een plaats in Florida die enige jaren eerder door de Ameri-kaanse elite als haar nieuwste vakantieparadijs was gean-nexeerd. Pas in februari 1911 dook hij weer op in New York, verrassend genoeg als de kersverse verloofde van een zekere Ethel Dietz. Deze debutante compenseerde haar opvallend gebrek aan uiterlijke charmes met haar jeugdige leeftijd – ze was zeventien jaar jonger dan Morton – en het grote fortuin dat haar als het enige kleinkind van stormlantaarnfabrikant Dietz te wachten stond.

Een maand nadat de aankondiging van de verloving in de krant had gestaan, stapte Allene naar de New Yorkse recht-bank en vroeg vergunning om de naam van haar eerste man weer te kunnen voeren. Dit omdat ze, zo verklaarde ze, er geen behoefte aan had om met de nieuwe vrouw van haar voormalige echtgenoot verward te worden. De rechtbank honoreerde haar verzoek en toen Greta en haar klasgenoten op 24 mei 1911 hun eindexamen vierden in dezelfde balzaal van het Sherry's waar Billings acht jaar eerder zijn beruchte Horseback Dinner had willen geven, had zowel zij als haar moeder hun eerdere achternaam weer terug.

Allene leek terug bij af – maar dat was ze toch niet helemaal. Want de details van haar scheiding mochten dan veilig opgeborgen liggen in de archieven van de Tribunal de Grande Instance in Parijs, uit het archief van de volkstelling van 1910 bleek ze wel degelijk geleerd te hebben van haar eerdere val uit het glinsterend paradijs van de Hostetters. Volgens de documenten was ze behalve het hoofd van het zeven bedienden en twee kinderen tellende huishouden ook de eigenaresse van het kapitale pand aan 57 East 64th Street. Daarnaast bezat ze nog twee panden aan Park Avenue, nummer 604 en 606, die ze door een verhuurkantoor liet beheren.

Kennelijk was de deal die Allene vijf jaar eerder had gesloten met de oude goudhandelaar die haar had gesmeekt zijn zoon te trouwen, meer dan lucratief geweest. 'Her fortune was largely augmented by her alliance with the Nichols family', schreef *The Washington Post* later. Allene was een zakenvrouw geworden.

5

Het gelukkige eiland

Wat er aan het begin van deze eeuw in societykringen ook allemaal veranderd was, één ding was hetzelfde gebleven en dat was het belang van het vinden van een geschikte echtgenoot voor een huwbaar meisje. Allene had haar kansen op geluk gehad en verspeeld, nu was het de beurt aan haar dochter, die in september 1911 haar twintigste verjaardag vierde.

Greta was daarmee al behoorlijk laat om haar debuut te maken: de gemiddelde 'deb' was zestien of zeventien jaar oud. Verder was er op het eerste gezicht geen reden waarom ze niet al een hele rits trouwlustige jongemannen achter zich aan had. Ze had de donkere *good looks* en de vriendelijke, goeiige natuur van haar vader geërfd en, iets minder gelukkig, helaas ook diens aanleg voor een zekere molligheid. Van haar moeder had ze haar opvallende blauwe ogen en haar grote talent als amazone. En ze was rijk. Teddy en zij waren erfgenaam van ettelijke, nog steeds zorgvuldig door hun oom Herbert beheerde miljoenen.

Maar hoewel Greta getuige de societyberichten van dit jaar tal van feestjes van debuterende vriendinnen en klasgenotes bijwoonde, was van een eigen debuut, laat staan een verloving geen sprake. Waarschijnlijk had dat te maken met haar moeder, of liever met haar moeders turbulente liefdesleven. Want als er iets was waar de moeders van huwbare jongemannen in de New Yorkse society niets van moesten hebben, dan was het wel van de onfortuinlijke combinatie Scheiding & Schandaal. En die twee fenomenen waren in de biografie van de dochter van de Mazzelkoning nu juist overvloedig aanwezig.

Allene, nooit voor één gat te vangen, liet de snobs in New York daarom al snel voor wat ze waren en trok met haar dochter naar Europa. Daarmee volgde ze in de voetstappen van talloze Amerikaanse erfdochters die in eigen land om welke reden dan ook minder huwbaar werden geacht. *Dollar princesses* werden ze genoemd – die zichzelf in ruil voor een klinkende titel en het daarbij behorende prestige min of meer inkochten in adellijke families aan de andere kant van de oceaan. Omstreeks 1900 telde de Britse adel al meer dan vijfhonderd Amerikaansen en was er nauwelijks meer een aanzienlijke familie te vinden waarin geen schoondochter rondliep uit de Nieuwe Wereld.

De Engelse baronnen, lords en graven moesten ook wel: als gevolg van de mechanisatie en de concurrentie van goedkoop graan en vlees uit Amerika brachten hun landgoederen steeds minder op, terwijl de belastingen stegen. Ze plaatsten zelfs contactadvertenties in de New Yorkse kranten waarin ze met zoveel woorden stelden op zoek te zijn naar een vrouw met geld. Haar eventuele gebrekkige status in haar geboorteland namen ze daarbij graag voor lief: voor hen waren alle Amerikanen sociaal gezien even onacceptabel en dus, zoals schrijfster Ruth Brandon puntig samenvatte, 'one might therefore pick the richest without compunction' – je kon net zo goed meteen de rijkste uitzoeken.

Soms pakten die allianties verrassend goed uit, zoals in het geval van Jennie Jerome, die in 1874 Lord Randolph Churchill trouwde en de moeder zou worden van de Britse premier Winston Churchill. Ook het in 1910 gesloten huwelijk van bankiersweduwe Olive Grace Kerr, een goede vriendin van Allene, met de derde baron Greville was uitermate geslaagd. 'American women are bright, clever, and wonderfully cosmopolitan', meende schrijver Oscar Wilde. Vaak zorgden ze behalve voor geld ook voor welkom nieuw bloed en een frisse wind door de oude kastelen.

Andere sprookjeshuwelijken liepen echter minder gelukkig af, zoals dat van Consuelo Vanderbilt, die in 1895 tegen haar zin door haar ambitieuze moeder aan de hertog van Marlborough was uitgehuwelijkt. Minstens zo ongelukkig werd de mooie en puissant rijke Mary Hasell, een vriendin van Greta, die in 1908 getrouwd was met de Britse baron George Borwick. Al snel was het de nieuwbakken barones duidelijk geworden dat een titel en een verzameling oude familieportretten bepaald geen garantie vormden voor echtelijk geluk. Haar man gokte, maakte overal schulden en zag in het feit dat hij zijn vrouw om haar geld getrouwd was een reden om haar met zoveel mogelijk minachting te bejegenen. Soms, zo vertrouwde ze Greta toe, spuugde hij zelfs op haar.

*

Toen Allene en Greta begin juni 1911 in Engeland aankwamen, besloten ze daarom al snel de ongelukkige Mary op sleeptouw te nemen. In de herfst trokken de drie vrouwen naar Frankrijk, waar Greta eregaste was bij de hertogin d'Uzès in Rambouillet en, aldus de correspondent van *The Washington Post*, allerwegen werd bewonderd vanwege haar rijkunsten. Vervolgens reisden ze naar Brits-Indië, waar ze het poloseizoen bijwoonden en getuige waren van de zogeheten Durbar, de feestelijkheden rond het feit dat de Britse koning George v officieel tot keizer van het overzeese gebiedsdeel werd verheven.

Half februari 1912 voer het drietal weer terug naar Engeland. Mary Hasell kwam hier letterlijk voor een dichte deur te staan toen haar de toegang tot het Londense huis van haar schoonfamilie botweg werd geweigerd. Ze nam haar intrek in het Claridge's Hotel en begon een zeer publieke echtscheidingsprocedure wegens wreedheid – dit tot vreugde van de persmuskieten aan beide kanten van de oceaan en, zo leek het, ook van Mary zelf, die geen gelegenheid onbenut liet om, dramatisch uitgedost, in de rechtbank te gloriëren in haar rol als tragische heldin.

Misschien kwam het door de slechte ervaringen van Mary, of misschien had zich tijdens de bijna een jaar durende speurtocht door het Britse imperium simpelweg geen passende huwelijkskandidaat aangediend – feit is dat Greta nog altijd niet verloofd was toen zij en haar moeder half maart 1912 onverrichter zake terugvoeren naar New York. Hier organiseerde Allene in allerijl alsnog een officieel debuut voor haar dochter, daarbij kosten noch moeite sparend.

Het feest vond plaats op 9 april 1912 in het Sherry's. Alleen al voor het diner waren ruim honderd gasten uitgenodigd, onder wie Greta's vele vriendinnen, haar Pittsburghse familie en allerlei vrienden en zakenrelaties van Allene. Bij het aansluitende bal, gehouden in een uitbundig met verse witte en gele lentebloemen versierde zaal, waren nog eens honderd extra gasten aanwezig. Greta schitterde in wit satijn met parels, haar moeder straalde in donkerblauw satijn met diamanten en *The New York Times* deed plichtsgetrouw verslag van wat een misschien wat laat, maar verder in alle opzichten veelbelovend debuutfeest leek te zijn.

Nog geen week later werd iedere gedachte aan society en feestjes en ook iedere berichtgeving daarover in één klap weggevaagd door het verbijsterende bericht dat het nieuwe, onzinkbaar geachte vlaggenschip van de White Star Line, de RMS Titanic, op weg naar New York op een ijsberg was gelopen en was vergaan. Van de ruim 2220 opvarenden overleefden er slechts iets meer dan 700. Onder de slachtoffers waren vele prominente New Yorkers, zoals staalmagnaat Benjamin Guggenheim, Macy's-eigenaar Isidor Straus en John Jacob Astor. Was de laatste nog geen jaar eerder door de kranten afgeserveerd omdat hij als zevenenveertigjarige gescheiden man met een achttienjarige klasgenote van Greta was getrouwd, nu werd 'Colonel Astor' door diezelfde kranten postuum tot heldhaftig voorbeeld voor het vaderland verheven.

De psychische impact van de scheepsramp in de nacht van 14 op 15 april was enorm. Jarenlang al had de mensheid zich sterker dan de natuur kunnen wanen en blindelings vertrouwd op de wonderen der techniek – maar nu was diezelfde techniek op een verschrikkelijke manier feilbaar gebleken en had het hele wereldbeeld aan het wankelen gebracht. Veel mensen zagen de ondergang van de Titanic als een apocalyptische voorbode van grote rampen, die de moderne mens zouden straffen voor haar arrogantie en aanmatiging. Zelfs het toch altijd zo zelfverzekerde New York begon aan zichzelf te twijfelen.

In dit klimaat was er weinig ruimte meer voor de besognes van rijke meisjes op zoek naar een echtgenoot. Societyfeestjes werden voorlopig afgelast of zo klein mogelijk gehouden. Hiermee was Greta's debuut in feite in het water gevallen – met dank aan de onzinkbaar geachte Titanic. Toch bleek aan het eind van 1912 het feest in het Sherry's tot een huwelijk te hebben geleid – zij het niet voor de debutante zelf, maar voor iemand die gezien haar leeftijd en haar geschiedenis toch echt niet meer in aanmerking leek te komen voor nóg een nieuwe liefde, namelijk haar moeder.

*

Geen rijke erfgenaam dit keer, geen grotestadsjongen, geen klinkende societynaam en al helemaal geen gokker: als men een echtgenoot had moeten verzinnen die in alles verschilde van zijn voorgangers, dan was het deze wel. Anson Wood Burchard was een rustige, stabiele *selfmade* man die zich geheel en al op eigen kracht had opgewerkt tot een van de toonaangevende ingenieurs van het land. En ingenieurs waren, zo wist iedereen, de verborgen helden van Amerika, de stille motoren achter de transformatie van de voormalige kolonie tot een van de welvarendste landen ter wereld.

Ansons achtergrond leek in veel opzichten op die van Allene. Hij was geboren en getogen in een klein plaatsje in het noorden van de staat New York, dat net als Jamestown tijdens de industriële revolutie tot grote bloei gekomen was. In Hoosick Falls was het de fabricage van landbouwwerktuigen

geweest die het stadje had opgestuwd in de vaart der volke-
ren – niet toevallig heette de belangrijkste straat Mechanics
Street.

Anson had de liefde voor de techniek vanaf zijn vroegste
jeugd uit zijn omgeving opgezogen. In 1881 was hij, zestien
jaar oud, elektrotechniek gaan studeren aan wat toen al de beste technische hogeschool van Amerika was, het Stevens Institute in New Jersey. Vervolgens werkte hij bijna twintig jaar
lang in de meubel- en stoommachinefabriek van een kinderlo-
ze oom, die hem alle ruimte gaf om betere machines voor industriële toepassingen te ontwikkelen, zoals verhittings-, ven-
tilatie- en waterleidingsystemen. Na een kortstondig avontuur
in Mexico, waar hij werkte als bedrijfsleider van een koper-
mijn, werd hij in 1901 op voorspraak van zijn jeugdvriend en
zwager Hinsdill Parsons aangenomen als financieel medewerker van het nog maar acht jaar oude, maar toen al zeer veelbelovende elektriciteitsbedrijf General Electric.

'GE' was het geesteskind van Charles Albert Coffin, een
voormalige schoenenfabrikant die in 1892 het idee had opge-
vat om de talloze particuliere elektriciteitsbedrijfjes die Amerika op dat moment telde, op te kopen en ze aan elkaar te
koppelen tot één groot, landelijk netwerk. Met steun van uitvinder Thomas Edison en bankmagnaat J.P. Morgan, die de
plannen financierde, wist hij binnen luttele jaren een ook internationaal opererend elektriciteitsconcern uit de grond te
stampen.

Als zoveel succesvolle ondernemers had Coffin een scherp
oog voor talent en de capaciteiten op technisch en financieel
vlak van de grote, stille man uit Hoosick Falls bleven niet onopgemerkt. Binnen enkele jaren was Anson opgeklommen tot

Coffins persoonlijk assistent. Toen zijn zwager in april 1912 met zijn auto verongelukte, werd Anson in diens plaats benoemd tot vicepresident. Overigens vond dat ongeval plaats vlak nadat de nog altijd vrijgezelle Anson door diezelfde Hinsdill Parsons meegesleept was naar het debutantenbal van een zekere Greta Hostetter.

In oktober ging Anson op zakenreis naar Europa. Hij werd vergezeld door zijn net weduwe geworden zuster en door Edwin Rice, een briljant technicus die GE vanaf het prille begin mee had opgebouwd. Eenmaal in Londen aangekomen nam het gezelschap zijn intrek in het Claridge's Hotel. En daar verbleven, al dan niet toevallig, ook net kennissen uit New York – te weten de weduwe Hostetter en haar dochter.

Teddy was net die herfst op een dure kostschool bij Boston begonnen en Allene en Greta, aldus de *The New York Times*, 'were spending their time shopping and doing the theatres'. Maar de aantrekkingskracht van de Londense warenhuizen en de theaters werd kennelijk al snel in de schaduw gesteld door die van het gezelschap van General Electric – en met name door de rijzige gestalte van de zevenenveertigjarige vicepresident.

*

Op 22 november 1912 publiceerde *The New York Times* een opmerkelijk verhaal op haar voorpagina. GE-topman Anson Wood Burchard zou een vergunning hebben aangevraagd om te trouwen met Mrs. Hostetter, 'well-known in society', maar die enkele uren later alweer hebben ingetrokken. De dienstdoende correspondent rook een liefdesdrama en posteerde zich in de lobby van het hotel, vastbesloten daar te blijven tot hij wist wat er precies speelde.

'Widow Is Not Yet Certain', kopte de krant de volgende dag. De nijvere journalist had Allene zelfs enkele woorden weten te ontlokken:

> Gevraagd of ze met Mr. Burchard zou gaan trouwen, antwoordde Mrs. Hostetter: 'Ik weet het niet.' Nadat haar verteld was dat Mr. Burchard een vergunning had aangevraagd voor de vijfde december en die vervolgens weer had ingetrokken, begon Mrs. Hostetter te lachen. Ze zei dat het allemaal buitengewoon gênant was en dat ze misschien later iets te vertellen zou hebben.

De volgende dag wist de krant te melden dat de zakenman en de weduwe die avond weliswaar in elkaars gezelschap hadden doorgebracht, maar dat eerstgenoemde de volgende ochtend alleen naar Berlijn was afgereisd. Weer enkele dagen later berichtte de krant dat de verloving ondanks alle geruchten *niet* verbroken was.

Begin december kwam Anson terug uit Duitsland en trouwde zijn weduwe – zij het niet in de St. George's Church in Mayfair, die hij aanvankelijk als trouwlocatie had opgegeven, maar op een kantoor van de burgerlijke stand met aansluitend een inzegening in een kleine parochie aan Onslow Square. Pas toen werd het de buitenwereld duidelijk wat het probleem was geweest: de dominee van St. George's had geweigerd het huwelijk te voltrekken omdat Allene formeel natuurlijk helemaal geen weduwe was, maar een gescheiden vrouw.

Het noodgedwongen bescheiden karakter van de plechtigheid verhinderde de bruid niet om ook bij deze derde bruiloft groots uit te pakken: haar bruidsjurk was van maagdelijk wit fluweel en afgezet met wit sabelbont. Ook Greta, als bruidsmeisje, was in het wit. Behalve Ansons zuster en zijn collega Edward Rice, die als Ansons getuige optrad, waren verder alleen Allenes vriendin Lady Olive Greville en haar man en Greta's vriendin Mary en Mary's moeder van de partij. Na de plechtigheid lunchte het gezelschap in het Claridge's en vervolgens ging het paar op huwelijksreis naar Monte Carlo en Nice, waar Allene haar nieuwste levensgezel aan haar ouders ging voorstellen.

Kennelijk had Greta niet zo'n behoefte aan een bezoek aan haar grootouders van moederskant, die in haar leven al zo afwezig waren geworden dat *The New York Times* het daags na haar debuut over 'wijlen Charles H. Tew' had gehad. Zij nam enkele dagen na het huwelijk de boot terug naar huis om Kerst en Nieuwjaar met haar broertje door te brengen. Ondertussen luidden Anson en Allene in het Londense Ritz Hotel hun nieuwe leven en het nieuwe jaar in: 1913.

*

Later zou het jaar met het ongeluksgetal beschouwd worden als misschien wel een van de beste jaren in de wereldgeschiedenis ooit. De twintigste eeuw was nog jong en veelbelovend. Nooit eerder hadden wereldburgers zo makkelijk kunnen reizen en met elkaar kunnen communiceren, nooit eerder had een blijvende wereldvrede zo onder handbereik geleken. Er was politieke stabiliteit, er was welvaart en, misschien nog wel het belangrijkste, er heerste een wijdverspreid optimisme dat het allemaal nóg veel beter zou worden. Bloederige oorlogen en verwoestende hongersnoden leken iets uit een barbaars verleden, voorgoed uitgebannen door de verworvenheden van de moderne tijd. Het was, in de woorden van de schrijver Stefan Zweig, 'the golden age of security'.

In New York werd het hoogste gebouw ter wereld, het liefst zesenvijftig verdiepingen tellende Woolworth Building, voltooid. Het was ontworpen door Cass Gilbert, die eerder Allenes elegante stadshuis aan East 64th Street voor haar had gebouwd. Ditzelfde jaar zou de New Yorkse haven die van Londen definitief passeren als drukste ter wereld. En als altijd wenkte het nu alweer bijna dertig jaar oude Vrijheidsbeeld naar de immigranten, die nog steeds met duizenden tegelijk arriveerden in het land van de ongekende mogelijkheden: kom hier, dit is het beste land van de wereld, hier heeft iedereen, ongeacht verleden, achtergrond of sekse, de kans iets van zijn of haar leven te maken.

Meer dan ooit was dat laatste ook daadwerkelijk het geval, want in 1913 voerden de Verenigde Staten als een van de eerste landen ter wereld inkomstenbelasting in en maakten een begin met de opbouw van een sociaal stelsel. De exorbitante inkomensverschillen werden afgevlakt en er werd kapitaal gegenereerd voor de aanleg van wegen en de bouw van scholen, ziekenhuizen, bibliotheken en andere instellingen die iedere Amerikaanse burger, arm of rijk, ten goede zouden komen.

Voor Allene was het jaar 1913 er vooral een van ongekend geluk. Voorbij was haar rusteloze gereis over de wereldzeeën, voorbij de eindeloze reeks feesten en diners met vervelde Europese aristocraten en haar voortdurende inspanningen om op te klauteren in societykringen. Voorbij ook waren de moeizame huwelijken met de bijbehorende drama's en eenzaamheid. In deze kalme ingenieur, in karakter zo totaal anders dan zij maar in achtergrond juist zo hetzelfde, vond ze eindelijk een bestendige echtgenoot. 'He was the one,' zoals een nichtje later zou zeggen.

Dat Allenes figuur niet meer zo meisjesachtig slank was als vroeger maakte niet uit; de laatste mode had ze toch vaarwel gezegd. In New York vertoonde ze zich nauwelijks meer en uit de societyrubrieken verdween ze zo goed als helemaal. Anson verkocht zijn appartement aan Madison Avenue en gebruikte vanaf nu Allenes huis aan East 64th Street als New Yorks adres. Maar het centrum van hun leven lag op Long Island, in het huis dat Anson enkele jaren eerder had laten bouwen aan een onverharde zandweg bij het dorpje Lattingtown.

*

Long Island, het honderdtwintig mijl lange, aan weerszijden door de oceaan omspoelde schiereiland ten oosten van Manhattan, gold al sinds mensenheugenis als de *Gold Coast* van New York. Meer dan de helft van Amerika's rijkste families had er een buitenhuis. De schrijver F. Scott Fitzgerald, die er zijn succesroman *The Great Gatsby* situeerde, omschreef het als 'dat oude eiland hier, dat zich eens in al zijn weelderigheid had ontvouwen aan de ogen van de Nederlandse zeelieden – een frisse nieuwe borst van de Nieuwe Wereld'.

Met de aanleg van een treinverbinding en vooral de Queensborough Bridge in 1909 was de reistijd tussen het schiereiland en Manhattan zodanig bekort dat er zich ook 'gewone' forenzen konden vestigden. Het nog rurale binnenland werd overgenomen door, in de woorden van een bezorgde autochtoon, 'the wealthy aristocrats of Long Island who make their living shearing lambs on Wall Street and who want to play at the country life on weekends and holidays'. Die rijke aristocraten die gedurende de week 'lammetjes schoren' op Wall Street en in het weekend of de vakantie landeigenaartje speelden, kochten vooral boerenbedrijven op rond schilderachtige plaatsjes als Oyster Bay en Glen Cove. Daar bouwden ze riante landhuizen, omringd door fraai aangelegde tuinen en parken.

Lattingtown, het dorpje waar Anson in 1909 zijn Birchwood, 'Berkenbos', had laten bouwen, lag in het hart van Locust Valley, een nog relatief onbedorven gebied in het midden van het schiereiland, met de trein nog geen uur van Manhattan. Van hieruit was het slechts een kort ritje naar Matinecock, waar Ansons baas en vriend Charles Coffin, die zich in 1913 terugtrok uit de dagelijkse leiding van General Electric, het landgoed Portledge bezat. Het in neokoloniale stijl gebouwde Birchwood had in totaal drieëntwintig kamers, een zwembad, een tennisveld, een eigen boerderij en een garage voor acht auto's. Balzalen of ontvangsthallen ontbraken – het was duidelijk meer een plek om plezier te hebben dan om te imponeren.

Het leven op 'Longuyland', zoals de bewoners hun schiereiland liefkozend noemden, was al even ontspannen en ongecompliceerd. Men trof elkaar vooral rond de Piping Rock Club, de door Coffin opgerichte countryclub die 's zomers onder andere barbecues, dansavonden, jachtweekenden, autorally's en zwem-, tennis- en zeilwedstrijden organiseerde. In de winter, als Locust Valley bedekt was met een dikke laag sneeuw en de vele meertjes en vennen stijfbevroren waren, vermaakte men zich met schaatsen en bobsleeën. Daarnaast was zowel

Coffin als Anson actief in de Matinecock Neighborhood Association, die het contact met de plaatselijke boerengemeenschap onderhield en allerlei voorzieningen voor het algemeen belang opzette, zoals gratis medische zorg, een bibliotheek, een brandweer en een comité dat maatregelen nam tegen de muggenplagen in de zomer.

Misschien klonken in de Gilded Age-mansions aan de kust van Long Island nog de echo's door van het hedonisme dat Scott Fitzgerald in *The Great Gatsby* onsterfelijk maakte, maar hier in het binnenland had men anno 1913 duidelijk geen boodschap meer aan de frivoliteiten en het snobisme waarmee de vorige generatie rijken het leven had ingekleurd. Zelfs 'nieuwe' bevolkingsgroepen zoals Italianen en Joden waren hier getuige de ledenlijsten van de Piping Rock Club van harte welkom. Na alle excessen van de voorgaande decennia hunkerde men naar de eenvoud en de morele waarden van de pionierssamenlevingen van het oude Amerika, zoals Allene en Anson die nog in hun jeugd hadden meegemaakt.

6

Hondengevecht

Teddy Hostetter was, daar waren de eerstejaars op Harvard University het over eens, een vreemde vogel. Een medestudent zou later schrijven:

Teddy was een uitzonderlijke kerel... Hij had alle trekken van een genie. Zijn geest was actief, alert en gretig, vooral als het om wiskundige en wetenschappelijke onderwerpen ging. Hoewel hij een zonnig karakter had, moest je hem echt kennen om hem op zijn werkelijke waarde te kunnen schatten. Teddy had het soort eigenaardigheden die alle ongewone mannen bezitten, maar die in een eerstejaars niet altijd door zijn klasgenoten worden geapprecieerd. Maar degenen van ons die hem goed kenden, waardeerden juist die bijzondere kwaliteiten die hem maakten tot de bijzondere vent die hij was.

Op Pomfret School, de dure kostschool in New England waar Teddy vanaf zijn vijftiende op had gezeten, waren zowel zijn gedrag als zijn cijfers zo beneden de maat geweest dat hij er uiteindelijk van af gegooid was. Niet dat iemand dat als een serieus probleem beschouwde – elitaire *preparatory schools* als Pomfret garandeerden hun leerlingen automatisch toegang tot een van 's lands Ivy League-universiteiten, hoe vervelend, dom of lui ze wellicht ook waren. En van dat laatste was in Teddy's geval geen sprake.

Van zijn vader had Teddy de liefde voor het zeilen, van zijn moeder die voor paardrijden. Met zijn nieuwe stiefvader, met wie hij het aanmerkelijk beter kon vinden dan met de vorige, deelde hij zijn liefde voor techniek, auto's en in het algemeen alles wat vaart maakte. Daarbij was Teddy een opgeruimde jongen, en knap – de *spitting image* van Allene, zij het wat donkerder uitgevallen. Het enige waar hij geen zin in had was zich de wet te laten voorschrijven – niet door leraren, niet door medeleerlingen en al zeker niet door wat 'men' van hem verwachtte. En daar had hij, met een erfenis van ruim drie miljoen op zijn naam, ook niet veel reden toe.

Hoewel zijn zuster Greta ogenschijnlijk aanzienlijk conformistischer was dan haar broertje, bezat ze als het erop aankwam precies datzelfde soort eigenwijzigheid. Zo had haar moeder misschien nooit meer willen omkijken naar Pittsburgh, zijzelf deed dat wel. Ze was al elf geweest ten tijde van de voortijdige dood van haar vader en hun abrupte vertrek naar New York – oud genoeg om zich haar vrolijke vader en de goede tijden in het huwelijk van haar ouders te herinneren, oud genoeg ook om zich voorgoed een onderdeel van de Hostetter-clan te blijven voelen.

Vooral met het inmiddels uit vijf kinderen bestaande en naar New York verhuisde gezin van haar vaders broer Herbert was Greta uitermate close. Op haar verzoek had haar oom zelfs het in 1905 verkochte Hostetter House aan Raccoon Creek zeven jaar later weer teruggekocht, zodat ze een eigen adres in de buurt van Pittsburgh had, van waaruit ze gemakkelijk met de rest van haar vaders familie in contact kon blijven. In dat licht was het misschien niet zo verrassend dat ze, na door haar moeder de halve aardbol te zijn overgesleept op zoek naar een echtgenoot, die uiteindelijk vond in de rokerige industriestad aan de drie rivieren en in de vroege lente van 1914 thuiskwam met een Pittsburgher.

*

Het is moeilijk voorstelbaar dat Allene en Anson werkelijk ingenomen waren met Greta's keuze. Glenn Stewart was de enige zoon en nakomeling van selfmade miljonair David Stewart, die zijn loopbaan was begonnen als klerk en van daaruit een van de grootste graanimperiums in Amerika had opgebouwd. Al jong stond de boomlange Glenn bekend als behoorlijk excentriek. Zo had hij tijdens zijn studietijd aan Yale een bom in elkaar geknutseld om een paar meisjes te laten schrikken die een feestje van een ander hadden verkozen boven dat van hem. Het explosief was voortijdig in zijn gezicht ontploft, iets wat hem zijn linkeroog kostte en de helft van zijn gezicht verminkte. Sindsdien tooide hij zich met een monocle voor zijn glazen oog, een gouden sigarettenpijpje en een snorretje dat zo dun was dat het bijna op zijn gezicht getekend leek.

In de zes jaar sinds Glenn de universiteit verlaten had, was er van zijn plannen om de diplomatieke dienst in te gaan nog weinig gekomen. Ook naar het familiebedrijf taalde hij niet; bij gebrek aan een opvolger zou zijn vader het bedrijf in 1919 maar verkopen. In plaats daarvan reisde Glenn, zoals een krant later zou schrijven, de wereld rond op een buitenissige en luxueuze manier: 'He was embarking on a globe-trotting and, by all accounts, eccentric and luxurious life.' Tegen de tijd dat hij Greta ontmoette – in februari 1914 tijdens een bruiloft van een van haar nichten Dupuy in Allegheny – was hij de dertig al gepasseerd en in het bezit van een stevige reputatie. Hij was, vatte een neef ooit bondig samen, 'a liar, a womanizer and a no-account'.

Een leugenaar, een vrouwenversierder en een nietsnut – niet precies het soort man aan wie Allene en Anson hun ietwat naïeve dochter en stiefdochter graag zouden toevertrouwen. Maar wat was het alternatief? Greta was nu al een eindje in de twintig en had weinig meer omhanden dan wat liefdadigheidswerk. Zo zette ze zich in voor New Yorkse kinderen die als gevolg van tuberculose invalide waren geworden en volgde ze een opleiding voor sociaal werkster aan de New York School of Philanthropy. Ze droomde van eigen kinderen en alleen al om die reden wenste niemand haar een leven als vrijgezelle blauwkous toe.

En zo kondigden Mr. en Mrs. Burchard op 10 mei 1914 in *The New York Times* de verloving van hun dochter met Mr. Glenn Stewart uit Pittsburgh aan. Het stel, schreef de krant, zou na het huwelijk vertrekken naar de Cubaanse hoofdstad Havana, waar Glenn een positie als tweede secretaris op de Amerikaanse ambassade had gekregen. Dat laatste ongetwijfeld dankzij de bemiddeling van zijn aanstaande schoonvader, die als topman van een van de grootste bedrijven van de Verenigde Staten uitstekende contacten had met de regering in Washington.

Ook verder probeerde Anson, die erg dol was op zijn beide

stiefkinderen, het aanstaande huwelijk onder zo gunstig mogelijke omstandigheden van start te laten gaan. Zo schonk hij Greta als huwelijkscadeau de bij zijn eigen Birchwood behorende boerderij. Speciaal voor haar paarden had hij er een gloednieuw stallencomplex bij laten bouwen. Daarmee zou ze, wat de toekomst ook mocht brengen, altijd een eigen huis vlak bij haar moeder en hem hebben.

Allene op haar beurt gaf haar dochter de grote bruiloft die ze zelf door de diverse omstandigheden nooit had gehad. In de vroege ochtend van 21 oktober 1914 bracht een speciale trein meer dan driehonderd gasten van Pennsylvania Station in New York naar het kleine stationnetje van Lattingtown. Zowel de Hostetters als familie en kennissen van Glenn waren in groten getale uitgerukt: bijna alle twaalf bruidsjonkers en -meisjes waren afkomstig uit Pittsburgh.

De ceremonie zelf vond plaats in de Lattingtown Union Chapel, een kerkje dat praktisch geheel gefinancierd was door de leden van de Piping Rock Club. Het huwelijk werd ingezegend door een neef van Glenn, een andere neef trad op als zijn getuige. Zowel de trein en de kapel als Birchwood, waar het huwelijksontbijt en de aansluitende receptie plaatsvonden, had Allene uitbundig laten versieren met herfstbladeren en goud- en koperkleurige chrysanten. Het maakte de gebeurtenis, zoals *The New York Times* kopte, tot 'A Chrysanthemum Wedding'.

Greta's bruidsjurk en de outfits van haar bruidsmeisjes werden door de krant een apart artikel waard geacht, omdat ze in een tijd dat Europa op het gebied van mode en smaak nog steeds toonaangevend was, van de hand waren van een Amerikaanse ontwerper. Ook de wittebroodsweken waren een *all-*

American affair. Na een bezoek aan Pittsburgh gingen de pas-
gehuwden naar Mount Mitchell, de hoogste berg van de Blue
Ridge in de nabijgelegen Appalachen, waar ze wandel- en
muilezeltochten maakten.

Ondertussen was in de societyrubrieken nergens iets te lezen over de ware reden van het patriottische karakter van het
huwelijk in Lattingtown. Daarvoor moest de lezer naar de
voorpagina's, die aanzienlijk soberder en somberder van toon
waren. Degenen die in de ondergang van de Titanic, nu ruim
twee jaar geleden, een voorbode van nog veel schokkender gebeurtenissen hadden menen te zien, kregen gelijk. Wat in deze
nieuwe eeuw onmogelijk had geleken, wat niemand had verwacht en waar al helemaal niemand op had gehoopt, was nu
toch gebeurd: in Europa was weer een grote oorlog ontbrand.

*

De aanleiding tot het conflict, daar was iedereen het wel
over eens, was de moord op de Oostenrijkse troonopvolger
Franz Ferdinand in Sarajevo op 28 juni 1914. 'Heir to Austria's
Throne Slain with His Wife by a Bosnian Youth to Avenge
Seizure of His Country', in de woorden van *The New York
Times* – Oostenrijkse troonopvolger samen met zijn vrouw
vermoord door een Bosnische tiener uit wraak voor de bezetting van zijn land. Over de politieke achtergronden verschil-
den de meningen evenmin. Die hadden vooral te maken met
het Duitse Keizerrijk, dat in 1871 onder leiding van rijkskanselier Bismarck tot stand was gekomen en zijn groeiende economische macht wel eens vertaald wilde zien in internationale politieke invloed. Maar hoe het mogelijk was dat de oorlog

vanaf het incident in Sarajevo zó snel door Europa kon rollen en binnen de kortste keren de halve wereld in brand kon zetten, dat was iets waar historici zich nog heel lang het hoofd over zouden breken.

Feit was dat de Europeanen die nazomer letterlijk zingend ten strijde trokken, de geweren met bloemen versierd. Bezield door een oorlogsheroïek die eigenlijk nog in de vorige eeuw thuishoorde, verkeerden ze in de vaste overtuiging dat ze binnen de kortste keren weer triomferend naar huis zouden terugkeren. De moderne techniek bleek de praktijk van de oorlogvoering echter fundamenteel veranderd te hebben. Die herfst al liepen de legers vast in een loopgravenlinie die zich vanaf Noord-Frankrijk tot diep in Europa uitstrekte. Van hieruit bestookten de strijdende partijen elkaar met almaar zwaarder geschut – dag aan dag levens offerend, zonder dat een ervan een werkelijke doorbraak wist te forceren.

Het tsaristische Rusland koos de kant van Frankrijk en Engeland, Oostenrijk-Hongarije en het Ottomaanse Rijk vochten mee aan Duitse zijde, om na verloop van tijd bijgevallen te worden door Italië, Bulgarije en Roemenië. Amerika hield zich echter angstvallig buiten het conflict. Waren dit soort idiote oorlogen, aangesticht door megalomane adel en paraderende militairen, immers niet een belangrijke reden waarom zoveel immigranten ooit alles achter zich hadden gelaten om in de Nieuwe Wereld vrede en voorspoed te zoeken?

Alleen toen het passagiersschip de RMS Lusitania op 7 mei 1915 door Duitse onderzeeboten werd getorpedeerd en 128 Amerikaanse staatsburgers, onder wie miljonairszoon Alfred Vanderbilt, met zich mee de diepte in sleurde, lieten de Verenigde Staten hun tanden zien. De Duitse generaals, die heel goed beseften dat ze geen schijn van kans meer zouden maken als het machtige Amerika zich aan de kant van de geallieerden schaarde, bonden haastig in: de duikbotenoorlog zou beperkt blijven en de veiligheid van Amerikaanse schepen gewaarborgd. Daarna kon Amerika zich weer comfortabel achterover laten zakken in zijn neutrale positie, ondertussen goed verdienend aan de oorlog, waaraan, ondanks triomfantelijke bulletins aan beide kanten, maar geen einde leek te komen.

Maand na maand bleef de strijd heen en weer golven rond de frontlinie, die als een etterende zweer door Europa liep en zich voedde met jonge levens. Er waren dagen, zoals in juli 1916 aan de Somme, waarop 60 000 jonge soldaten stierven voor wat achteraf een paar honderd meter terreinwinst bleek te zijn geweest. Of de maandenlange Hel van Verdun, die toen die december 1916 ten einde liep, het onwaarschijnlijke aantal van ruim 700 000 mannen het leven bleek te hebben gekost.

Ouders verloren hun zonen, vrouwen hun verloofdes, landen hun jeugd, hun welvaart en hun toekomst. En de hele internationale gemeenschap keek naar Amerika: wanneer zou de machtigste natie van de Nieuwe Wereld eindelijk haar morele verantwoordelijkheid nemen en een einde maken aan de zinloze slachtpartij op het continent?

*

Ergens in de herfst van 1916 begonnen Anson en zijn vrienden na het diner, bij hun sigaren en hun port, op gedempte toon de mogelijkheid te bespreken dat de Amerikaanse neutraliteit uiteindelijk toch niet te handhaven zou zijn. Een internationaal, ook in Europa opererend concern als General Electric was van dag tot dag op de hoogte van wat zich daar afspeelde. Zo wist men bijvoorbeeld dat onder de Russische bevolking grote ontevredenheid broeide over het tsaristische bewind. De Februarirevolutie en de daaropvolgende ineenstorting van de Russische tegenstand aan het oostfront zorgden inderdaad voor een welkom respijt voor de Duitsers, die nu al hun inspanningen op het westelijk front konden concentreren. Vastbesloten de doorbraak te forceren, kondigde het opperbevel alsnog een totale duikbotenoorlog af.

Nu had Amerika geen keuze meer. Op 6 april 1917 verklaarde president Woodrow Wilson, die enkele maanden eerder nog de verkiezingen had gewonnen met zijn belofte nooit aan het conflict deel te nemen, de oorlog aan Duitsland. Zes dagen later vertrokken Anson en Allene vanuit het Canadese Vancouver met de Empress of Russia naar China en Japan, officieel voor een drie maanden durende zakenreis.

Zowel het tijdstip – net nu transcontinentaal reizen gevaarlijker was dan ooit – als de bestemming doet echter vermoeden dat Anson in feite op verkenningspad was voor de Amerikaanse regering. China had zich tot dusver een solide bondgenoot van de geallieerden betoond, maar het van oudsher anti-Britse keizerrijk Japan liet zich maar al te graag het hof maken door de Duitsers. Later zou de ambassadeur bij wie Anson en Allene in Tokio te gast waren in zijn memoires schrijven dat de sfeer in Japan jegens Amerika 'met messen te snijden' was.

Eind juli keerden Anson en Allene terug naar huis, weer via Canada, en troffen hun land aan in die eerste opgewonden, bijna verliefde fase van oorlog. De wapenfabrieken draaiden op volle toeren en overal waren geïmproviseerde tentenkampen ingericht, waar vrijwilligers werden klaargestoomd voor de overtocht naar Frankrijk. Al op 26 juni 1917 waren de eerste Amerikaanse regimenten in Europa geland, popelend om de wereld te laten zien hoe Amerikaans heldendom eruitzag.

In het hele land spoorden posters van Uncle Sam rekruten aan zich te melden: 'I want YOU!' – en zo ongeveer het hele gezin Burchard gaf aan die oproep gehoor. Anson werd door het ministerie van Oorlog in Washington ingelijfd als assistent van toekomstig staatssecretaris Benedict Cromwell. Allene zette samen met enkele vriendinnen uit Locust Valley een comité op dat geld inzamelde voor een in New York op te zetten *Hospitality House* voor jonge officieren met verlof. De moeder van Teddy's vriendin Kitty Kimball vertrok naar Frankrijk om daar gewonden te verplegen. Teddy zelf, ten slotte, meldde zich op 19 augustus aan als aspirant-piloot bij de overzeese tak van de Britse luchtmacht, het Royal Flying Corps.

*

In de acht jaar die verstreken waren sinds Teddy vanaf zijn vaders jacht voor de allereerste keer een vliegtuig rond het Vrijheidsbeeld had zien cirkelen, had de luchtvaart zich in stormachtig tempo ontwikkeld. Als er iets was wat de zich voortslepende loopgravenoorlog in Europa de betrokken regeringen duidelijk had gemaakt, dan was dat wel het feit dat de toekomst van de moderne oorlogvoering niet te vinden was beneden in de modder, maar boven in de lucht. Zowel de Duitsers als de Britten hadden inmiddels de beschikking over een luchtvloot van enkele duizenden eenpersoonsvliegtuigjes, van waaruit piloten elkaar met primitieve handmitrailleurs boven de linies bestookten.

Deze luchtvechters waren het enige aan de wereldoorlog wat nog een zekere glamour en heldhaftigheid uitstraalde. De *dogfights*, de hondengevechten, oftewel de man-tegen-man-gevechten in de lucht, werden beslist door individuele moed en bekwaamheid van de piloten – zaken die er in de machinale slachtpartijen op de grond allang niet meer toe deden. Daarbij betrachtten de partijen onderling een ouderwets soort ridderlijkheid, zoals het afwerpen van berichten over doden en krijgsgevangenen op de vliegvelden van de tegenpartij. *Flying aces*, zoals de stoutmoedige *Rote Baron* Manfred von Richthofen, die erin geslaagd was maar liefst zestig vliegtuigen naar beneden te halen, werden door vriend en vijand als helden vereerd.

In de herfst van 1917 meldden zich duizenden jonge Amerikanen aan bij het Royal Flying Corps – dit omdat Amerika op dit moment nog geen eigen luchtleger bezat. De meesten waren jongens zoals Teddy: afkomstig uit een rijke upper class familie, gefascineerd door snelheid en gevaar, tot op het bot verveeld met het door hun ouders gespreide bedje en de nepstudie aan de Ivy League-universiteit, en in de luchtoorlog een kans ziend om daadwerkelijk iets te kunnen betekenen.

'The RFC attracted adventurous spirits, devil-may-care youth, fast livers, furious drivers and risk-takers, who invested the Corps with a certain style and mystique,' schreef piloot en schrijver Cecil Lewis in zijn klassieker *Sagittarius Rising* – de RFC trok avontuurlijke geesten, overmoedige jeugd, snelle jongens, razende chauffeurs en risiconemers, die het Corps een zekere stijl en mystiek gaven. De toelatingseisen waren simpel: de kandidaat moest een sportief – oftewel overmoedig – type zijn en paard en auto kunnen rijden. Rijk zijn dus, want voor de gewone Amerikaan waren dat soort dure hobby's nog lang niet weggelegd.

Teddy Hostetter was dit profiel op het lijf geschreven. En nu hij eindelijk iets had gevonden waar hij werkelijk warm voor liep, betoonde hij zich voor eens in zijn leven een voorbeeldige leerling. Hij doorliep zijn opleiding in recordtempo. Het eerste deel vond plaats in de Verenigde Staten en bestond uit een zes weken durende algemene militaire training, *ground*, gevolgd door de eerste werkelijke vliegtraining, *primary* genoemd. Het vliegen zelf bleek voor de meeste cadetten een ervaring waarbij alle andere in het niet vielen. In de woorden van een van Teddy's medestudenten:

> *It's a great life, mother, flying alone with nothing to worry about, the whole sky to fly in and not much work to do. I will really hate to see this old war stop, if it ever does. I am having such a fine time!*

Het tweede deel van de opleiding, de eigenlijke training voor gevechtspiloot, vond plaats in Engeland. Kerstmis 1917 kon Teddy nog net op Birchwood vieren, waar hij een testament opmaakte waarin hij zijn vermogen in gelijke delen aan zijn moeder en zuster naliet. Ook verloofde hij zich bij deze gelegenheid met zijn vriendin Kitty. Op 6 januari 1918 zag hij de drie belangrijkste vrouwen in zijn leven almaar kleiner worden op de kade van New York, terwijl hij wegvoer van zijn vaderland, langs het Vrijheidsbeeld, op weg naar de oorlog die hij tot zijn missie had gemaakt.

*

Teddy, de vreemde vogel op Harvard, bleek een geboren vlie-genier. Al na een maand werd hij bevorderd tot tweede lui-tenant en toegevoegd aan het RFC Training Squadron no. 67. Op de Auxiliary School of Aerial Gunnery Number 2, aan de zuidwestkust van Schotland, leerde hij een mitrailleur te han-teren en bommen vanuit een vliegtuig op een doelwit op de grond te gooien. In de vroege ochtend van 3 april 1918 vertrok hij naar Frankrijk om zich te voegen bij het in Calais geleger-de 54th Squadron van de inmiddels tot Royal Air Force om-gedoopte Britse luchtmacht. Diezelfde dag al maakte hij zijn eerste gevechtsvlucht.

Het 54th, oorspronkelijk opgezet als escorte bij bombarde-mentsvluchten, had zich sinds de Slag bij Arras in 1916 ge-specialiseerd in zogenoemde *low level attack missions*, waarbij vijandelijke observatieballonnen met bommen en mitrail-leurvuur uitgeschakeld werden. Het betekende dat de piloten laag naar de grond en binnen het bereik van de vijandelijke artillerie moesten duiken. Het eskader vloog met de Sop-with Camel, die niet alleen bekendstond als een van de ge-avanceerdste toestellen van de Britse luchtmacht, maar ook als een van de gevaarlijkste. Het koelsysteem van de motor veroorzaakte tijdens het vliegen een sterke torsie naar rechts en maakte vooral het opstijgen en landen tot een risicovolle aangelegenheid. Daarbij kon een kleine beschadiging de van hout en zeildoek gebouwde toestellen al binnen enkele secon-den in een brandende toorts doen veranderen. Parachutes kre-gen de piloten niet mee: dat werd *unsportsmanlike* geacht en zou bovendien maar onnodig verlies van machines in de hand werken. De gemiddelde levensverwachting van een gevechts-piloot was dan ook niet meer dan vijftig à zestig vlieguren. Dat kwam, afhankelijk van de weersomstandigheden, neer op zo'n vier weken.

Teddy's oorlog leek echter nog korter te gaan duren. Op 11 april, acht dagen na zijn eerste vlucht boven de linies, werd hij aan het einde van de dag geraakt door Duits mitrailleurvuur vanaf de grond. Hoewel zwaargewond aan zijn benen, wist hij zijn toestel veilig achter de geallieerde linies neer te zetten. Na voor zijn verwondingen te zijn behandeld in het ziekenhuis van het kustplaatsje Wimereux, werd hij naar Engeland vervoerd voor verder herstel. Eind mei werd hij uit het ziekenhuis ontslagen, om te revalideren in het Aircraft Acceptance Park Number 7, een voormalig golfterrein bij Londen waar vliegtuigen in grote hangars in elkaar werden gezet.

Op dat moment leek de kans niet heel groot dat Teddy ooit zou terugkeren naar de oorlog, ongetwijfeld tot grote opluchting en hoop van de vrouwen die hij op de New Yorkse kade had achtergelaten. In juni 1918 liep een groot offensief van Duitse zijde bij Compiègne op niets uit. De geallieerden waren nu eindelijk duidelijk aan de winnende hand, dit onder andere dankzij een door de Amerikanen ontwikkeld wapen dat het langverwachte antwoord op de loopgravenoorlog leek te zijn: de tank. Hoewel de Duitse keizer Wilhelm II in het door vier jaar oorlog uitgeputte en uitgehongerde *Vaterland* krijgshaftige taal bleef uitslaan, leek het nog maar een kwestie van weken voordat zijn generaals bij zinnen zouden komen en de hopeloze strijd eindelijk zouden beëindigen.

Tegen ieders verwachting in bleef de totale ineenstorting van het Duitse front echter uit. De Duitsers hadden zich ingegraven in de zo goed als onneembare Hindenburglinie en leken zich liever dood te vechten dan op te geven. En Teddy, die zich de hele zomer had verbeten omdat hij nu eenmaal niets liever wilde dan vliegen en vechten, wist begin augustus voor elkaar te krijgen dat hij toch weer voor actieve dienst werd goedgekeurd. Op 16 augustus 1918 meldde hij zich op de centrale verzamelplaats voor de troepen die naar het continent vertrokken, en op 5 september stak hij voor de tweede keer het Kanaal over, weer als gevechtspiloot op weg naar Frankrijk.

*

Nog heel even werd Teddy tewerkgesteld bij een voorradendepot in Marquise – dit waarschijnlijk op verzoek van Anson Burchard, die er achter de schermen in Washington alles aan deed om zijn onstuimige stiefzoon tijdens het staartje van de oorlog uit de gevarenzone te houden. Maar op 18 september was er geen excuus meer te bedenken om hem nog langer aan de grond te houden en mocht hij zich melden bij het Aero Squadron no. 3 van de British Expeditionary Force, dat onder commando stond van de gelauwerde *flying ace* majoor Ronald McClintock. Die avond ging hij alweer de lucht in.

Negen dagen later, op 27 september 1918 – Greta vierde die dag haar zevenentwintigste verjaardag – begon wat een van de laatste, zo niet de laatste grote slag van de wereldoorlog beloofde te worden. Het doel bestond uit een aantal grote ondergrondse tunnelcomplexen aan het Canal du Nord bij Chambrai, die de naam hadden tot de taaiste stukken van de Hindenburglinie te behoren.

Om zeven uur die avond kregen Teddy en vier andere piloten de opdracht om enkele Duitse observatieballonnen boven het Canal de l'Escaut, tussen de sluizen van Masnières en die van Saint-Vaast, te vernietigen. Na een halfuur vliegen kregen ze een Duits toestel in het vizier en wisten dat neer te schieten. Samen met een collega dook Teddy naar beneden om het karwei met bommen af te maken. Net op dat moment verschenen er enkele Duitse vliegtuigen die de patrouille van bovenaf aanvielen. Na een kort maar hevig hondengevecht konden de drie Britse vliegtuigen die het hoogst in de lucht waren geweest op het moment van de vijandelijke aanval ontkomen en hun vliegtuig veilig thuisbrengen. De twee andere toestellen kwamen die avond echter niet meer thuis.

Twee dagen later werd Masnières door grondtroepen veroverd. Van de twee vermiste piloten of hun vliegtuigen werd geen spoor gevonden. Nog eens twee dagen later arriveerde een telegram van het Britse Air Ministry op Birchwood: 'Lieutenant Hostetter was reported missing on September 27, having failed to return from flying duty'. Enkele dagen later volgde een brief, waarin Teds commandant zijn familie meer details gaf omtrent de vermissing van de jonge vliegenier en de indruk die hij in de korte tijd onder zijn bevel had achtergelaten:

Uw zoon kwam bij ons op de achttiende september, en hoewel hij maar een korte tijd bij ons was, toonde hij al een grote toewijding voor zijn werk en ontwikkelde hij zich in hoog tempo tot een uitstekende piloot die we moeilijk konden missen. Hij was bijzonder populair bij ons en zijn afwezigheid valt ons allen zwaar. Ik wens u het oprechte medeleven van alle leden van het eskader voor de grote bezorgdheid die u ongetwijfeld voelt.

*

De brief van Teds commandant bereikte Allene en Anson op een moment dat Amerika in de greep was van grote paniek. Eind augustus had een geheimzinnige ziekte, die zich die zomer voor het eerst had gemanifesteerd in Zuid-Europa en daarom de Spaanse griep werd genoemd, haar eerste slachtoffer gemaakt in Boston. Van het ene op het andere moment begonnen tot op dat moment kerngezonde mensen te hoesten en kregen hoge koorts en hevige spier- en keelpijn. Soms al na een paar uur, soms na een paar dagen stierven ze, letterlijk verdrinkend in het vocht van hun geïnfecteerde longen, terwijl hun huid blauwzwart kleurde door het gebrek aan zuurstof.

Sindsdien had de ziekte zich in alarmerend tempo verspreid en zo goed als het hele continent besmet. Later zou blijken dat waar de wereldoorlog in vier jaar tijd zo'n zestien miljoen levens had geëist, de Spaanse griep in een half jaar tijd wereldwijd vijftig miljoen slachtoffers wist te maken. Het leek wel alsof de natuur de door mensenhand ingezette massaslachting nog eens dunnetjes over wilde doen. Een kwart van de Amerikaanse bevolking werd ziek. In de inderhaast ingerichte tentenkampen aan de rand van de grote steden konden artsen niets anders meer doen dan toezien hoe hun patiënten stierven, vaak zonder dat er zelfs maar tijd was om de temperatuur op te nemen. Opvallend genoeg bleken vooral degenen die bij reguliere griepepidemieën het kwetsbaarst zijn, zoals kinderen en ouderen, de meeste kans te hebben om te overleven. De ziekte sloeg het hevigst toe onder jonge, gezonde volwassenen met een hoge weerstand, zoals Teddy's zus Greta.

Tot dan toe had Greta een veilige oorlog gehad: eerst op Cuba, vervolgens in Guatemala en Wenen, waar haar man op de ambassade werd gestationeerd. Na de Amerikaanse oorlogsverklaring waren ze naar huis gehaald en had Glenn een onbetekenende functie in Washington gekregen. Greta was in 1917 in verwachting geraakt, maar die zwangerschap was op een miskraam uitgelopen. Ze had haar doodgeboren kind begraven op steenworp afstand van haar ouderlijk huis in Locust Valley, op het fraaie kerkhof aan het einde van Feeks Lane, dat de rijke inwoners van de streek enkele jaren eerder hadden laten ontwerpen door een van de zonen van Central Park-ontwerper Olmsted. Inmiddels was ze weer zwanger, en tot haar grote vreugde deze keer van een tweeling.

Maar ergens in die eerste weken van oktober, terwijl de hele familie Burchard levend tussen hoop en vrees wachtte op nadere berichten over Teddy, slipte er ook een grijze schaduw naar binnen in Greta's huis in Washington en legde een kille hand op haar schouder. Kort daarop begon ze te hoesten. Ze stierf op woensdag 16 oktober. Ook de tweelingbroertjes die Allenes en Ansons eerste kleinkinderen hadden zullen worden, overleefden niet.

Op vrijdag 18 oktober nam Allene afscheid van haar dochter. De begrafenisdienst vond plaats in dezelfde kapel in Lattingtown waar Greta, bijna op de dag af vier jaar eerder, in haar Amerikaanse bruidsjurk met Glenn was getrouwd. Later die middag werd ze begraven naast de plek die ze eerder voor haar doodgeboren kindje had uitgezocht.

Diezelfde avond knarsten er wielen van een legerjeep over het grind van de oprijlaan van het in rouw gedompelde Birchwood. Er was nieuws over Teddy. Burgers van Masnières hadden verteld dat er op de avond van de 27ste september een vliegtuig was neergestort aan de Chemin des Rues des Vignes, vlak buiten het dorp. Het vliegtuig bleek in de tussentijd al te zijn geruimd door de Duitsers, maar de piloot was ter plekke, met zijn luitenantsuniform nog aan, begraven in een ondiep graf. Inmiddels was hij met zekerheid geïdentificeerd.

Later zou een collega-vlieger van Teddy een melancholiek gedicht schrijven over hun ervaringen in de oorlog en dat wat het had opgeleverd:

We flew together, in the tall blue sky
We fought together, with bombs and guns
We ate together, in the squadron mess
We danced together, to the old gramophone

We walked together, in the fields of France
We talked together, of home and tomorrow
We flew together, in the tall blue sky
Many were killed. The world is no better.

Ook Teddy had gevlogen in de hoge blauwe lucht, en gevochten met bommen en geweren. Ook hij had in de 'squadron mess' gegeten, met zijn kameraden gedanst op de klanken van een oude grammofoon en door de Franse velden gelopen, pratend over de toekomst. Maar voor hem zou er, dat was nu zeker, nooit meer een 'home and tomorrow' komen.

7

Het verminkte hart

Nooit zou Allene in haar latere levens, toen ze al van naam, van continent, van haarkleur en zelfs van geboortejaar veranderd was, praten over haar kinderen. En zelfs niet over Anson. Ja, wel in het voorbijgaan. Zoals: 'Gisteren waren we bij Teddy's graf. There were flowers there and so peaceful.' Of: 'Als het heet was, zei Anson altijd dat je flink door moest werken, dan merkte je er niet zoveel van.' Maar uitweiden over het verdriet of het gemis, over de dromen die ze voor en met Greta en Teddy had gehad, deed ze niet. Sterker nog, de meeste mensen met wie ze in latere jaren omging wisten niet eens dat ze ooit een eigen gezin had gehad.

Kennelijk was Allene als kind van de negentiende eeuw gewoon nog niet zo besmet met het moderne idee dat verdriet iets is wat, bij voorkeur met veel praten, verwerkt of zelfs geheeld kan worden. Voor de victorianen was het noodlot simpelweg iets om te dragen, en dat deed ze, zonder klagen. Haar situatie leek nog het meest op die van de talloze invaliden, die door de wereldoorlog als zwerfafval waren achtergelaten. Zoals zij op de een of andere manier moesten zien door te leven met hun ontbrekende ledematen, kapotgeschoten gezichten en stukgebombardeerde zenuwen, zo moest zij dat met haar verminkte hart.

Op 11 november 1918 tekenden de strijdende partijen de wapenstilstand in het Franse Compiègne en was de oorlog eindelijk echt afgelopen. De dood van Teddy Hostetter was toen al oud nieuws. Het secretariaat van Harvard bundelde de diverse uit kranten geknipte stukjes en beetjes in een dunne map – 'Harvard graduate fails to return from air raid' en de 'sad but proud duty' waarmee Pomfret School de dood van haar ex-leerling memoreerde. Vervolgens verdween het dossier getiteld 'T.R. Hostetter' in het archief met de aantekening 'Death Card made'. De overlijdenskaart was verstuurd.

Eind november, toen de Spaanse griep even onverwacht was uitgewoed als hij was gekomen en mensen voorzichtig weer bij elkaar durfden te komen, werd in de St. Bartholomew's Church aan Park Avenue een herdenkingsdienst voor luitenant Hostetter gehouden. Een kist was er niet – de stoffelijke resten waren meteen nadat ze gevonden waren herbegraven op een van de vele geïmproviseerde dodenakkers die in deze dagen in Frankrijk werden ingericht. Maar Allene liet de vier vlaggen die tijdens de dienst gebruikt waren – de *Stars and Stripes*, het dundoek van de Royal Air Force en die van het 54th en het 3rd Squadron – nog wekenlang wapperen aan het door haar opgezette *Hospitality House for Junior Officers* aan Lexington Avenue, waar de jonge officieren die wél uit Frankrijk waren teruggekeerd vrolijk in en uit liepen.

In Lattingtown werd bij de dorpsbibliotheek een plaquette geplaatst met daarop de namen van de 132 jonge mannen uit de gemeenschap die in Europa hadden gevochten. Achter drie namen, waaronder die van Teddy, stond een gouden ster ten teken dat zij het met hun leven hadden moeten betalen. Ook Greta en haar kinderen kregen een gedenkteken. Zoals Allene alle hoogtijdagen in het korte leven van haar dochter had opgesierd met bloemen – haar eindexamen met wilde rozen, haar debuut met lentebloemen en haar bruiloft met gouden chrysanten – deed ze dat nu ook met haar dood. Op haar graf kwam een eenvoudig, manshoog stenen kruis te staan met daarop Greta's naam, omringd door talloze, sierlijk in elkaar gestrengelde lelies, uitgehakt in de harde steen.

Toen werd het Kerstmis, in een leeg en stil Birchwood, waar de herinneringen aan de vorige, toen ze allemaal nog bij elkaar waren, bijna tastbaar tussen de muren hingen. En er brak een nieuw jaar aan, met bijna alleen maar negatieven in het verschiet. Geen blijde geboortes, geen huwelijk van Teddy met zijn Kitty. Geen plannen, geen hoop. Geen grootmoederschap, en zelfs geen moederschap meer.

Natuurlijk waren er meer gezinnen in de Verenigde Staten waar gedurende deze feestdagen lege plaatsen aan tafel te betreuren waren – er waren in totaal ruim achttienduizend jonge Amerikanen gesneuveld. Maar nergens leek het noodlot zo wreed en zo finaal te hebben uitgehaald als naar het gelukkige eiland van Allene, dat nog maar zo kort daarvoor zo veilig had geleken.

*

Op 17 februari 1919 trok de grootste en meest triomfantelijke overwinningsparade die New York ooit had aanschouwd over Fifth Avenue. Onder de ruim een miljoen toeschouwers die de teruggekeerde militairen toejuichten was de jonge Scott Fitzgerald. Later zou hij de sfeer van die memorabele dag optekenen in *My Lost City*:

> New York had alle doorzichtige kleurigheid van het begin van de wereld. De teruggekeerde troepen marcheerden over Fifth Avenue en de meisjes werden instinctief naar ze toe gezogen. Dit was de grootste natie ter wereld en er hing feest in de lucht... We voelden ons allemaal als kleine kinderen in een grote, lichte schuur die nog helemaal ontdekt kon gaan worden.

Terwijl een kilometer of tachtig verderop New York dansend, drinkend en vrijend het nieuwe begin van de wereld inluidde, rouwde Allene in de winterse stilte van Locust Valley om het einde van de hare. Enkele dagen na de parade kon Anson het niet langer aanzien en vroeg een nieuw stel paspoorten aan; dit omdat hun vorige in 1917 waren ingenomen vanwege de in verband met de duikbotenoorlog ingestelde reisbeperkingen.

Omdat het internationale reisverkeer nog steeds beperkt was, moest Anson bewijzen dat de reis die hij wilde maken een noodzakelijk karakter had. Zijn baas, de president-directeur van General Electric, schreef een brief waarin hij stelde dat het na vierenhalf jaar oorlog essentieel was dat iemand de stand van zaken van hun Europese belangen persoonlijk op ging nemen, en dat ze daarvoor de heer Burchard hadden aangezocht. Voor Allene werd een soortgelijk document vervaardigd, met daarbij nog een persoonlijke noot van Ansons baas:

> Het doet me plezier om te kunnen getuigen van het uitnemende karakter, de loyaliteit en het patriottisme van Mrs. Burchard.

Ze is actief geweest in belangrijk hulpverlenerswerk tijdens de oorlog en komt in alle opzichten in aanmerking voor een paspoort.

Op de foto die bij de paspoortaanvraag werd gevoegd, kijkt Allene recht de camera in – nog steeds, op haar zesenveertigste, een knappe vrouw. Maar er zit iets naakts in haar blik wat de toeschouwer bijna ongemakkelijk maakt. Anson, op de zijne, kijkt vooral bezorgd en heel, heel serieus.

De aanvraag werd ingewilligd en op 12 april 1919 scheepte het echtpaar Burchard zich in op de RMS Aquitania op weg naar Liverpool. Hun tocht begon in Parijs, waar ze Teddy's verloofde tenminste weer in de armen konden sluiten. Kitty Kimball had als dochter van een bekende New Yorkse boekenuitgever haar jeugd grotendeels in de Franse hoofdstad doorgebracht en eerder die winter al besloten om af te reizen naar het continent dat haar haar toekomstige man had ontnomen. Ze werkte daar nu als correspondente voor het Amerikaanse glossy magazine *Victory*, waar ze de rubriek 'Notes of an American in France' vulde.

Inmiddels had Kitty wat meer details over Teddy's laatste vlucht weten te verzamelen. Hij bleek te zijn neergeschoten door Robert Greim, lid van het eskader van de beroemde *Rote Baron*. Deze ervaren gevechtspiloot was die noodlottige septemberdag op jacht geweest naar zijn vijfentwintigste luchtoverwinning, die hem een eremedaille en een riddertitel op zou leveren. De jonge New Yorker had geen schijn van kans tegen hem gemaakt. Na afloop van het luchtgevecht was Greim geland om zijn gecrashte tegenstander te fotograferen. De foto's voegde hij als bewijs toe in zijn logboek.

Masnières, het dorpje waarboven Teddy zijn laatste dog-fight had uitgevochten, bleek een onopvallend boerengehucht aan het Canal de l'Escaut, waarvan na vier jaar in het heetst van de strijd weinig meer over was dan een verzameling ruïnes. Ter plekke besloten Allene en Anson 100 000 franc aan de gemeenschap te schenken voor de bouw van een jongens-school, die de naam van hun overleden zoon zou dragen. Niet dat Teddy zelf nu zo'n enthousiast schoolganger was geweest, maar zijn ouders waren nog victoriaans genoeg om overtuigd te zijn van het belang van goede scholing voor iedereen.

*

Een half jaar lang reisden de Burchards over het geteisterde continent. Ze bezochten Allenes ouders, die hun rustige leven in Nice tijdens de oorlog praktisch ongestoord hadden kunnen voortzetten. Ze bezochten Italië, dat flink had geleden onder de strijd; ze trokken door neutraal gebleven en onbe-schadigde landen als Spanje, Zwitserland en Nederland, en ze gingen naar België, waar de verwoestingen juist alomtegen-woordig waren. Eind oktober 1919 reisden ze van Cherbourg met het ss Lapland weer terug naar huis, net op tijd om in Harvard de plechtigheid bij te wonen waarbij Teddy 'for his honorable war service' postuum een *Bachelor of Science* kreeg toegekend.

Weer thuis kocht Allene een landhuis met een flink stuk grond en een eigen haventje in Roslyn, een kustplaatsje niet ver van Lattingtown. Ze liet het herinrichten als vakantieoord en stelde het Greta-Theo Holiday House, zoals ze het doopte, ter beschikking aan een New Yorkse vereniging voor alleenstaande werkende jonge vrouwen. In de daaropvolgende zomers zou ze een bekende verschijning worden achter het stuur van haar vrachtwagentje, tot aan de nok gevuld met levende kippen, kolen en andere groenten van de boerderij op Birchwood, allemaal bestemd voor haar protegees.

Greta's weduwnaar Glenn Stewart had ondertussen zo zijn eigen manier om de draad van het leven weer op te pakken. In november 1919, amper een jaar na de dood van zijn eerste vrouw, hertrouwde hij in alle stilte met Cecile 'Jacqueline' Archer, de dochter van een steenrijke missionaris-zakenman uit Arkansas. Bij de diplomatieke dienst had hij zich de voorgaande jaren ontwikkeld tot een waar hoofdpijndossier. Hij kwam en ging wanneer het hem schikte, en de enkele keer dat hij iets inleverde wat op een rapportage leek, was die zo abominabel van kwaliteit dat het een leidinggevende ooit deed verzuchten: 'This is without exception the most careless and almost illiterate document I have ever seen.' Blijkbaar zag Anson na dit tweede huwelijk geen reden meer om zijn voormalige schoonzoon nog de hand boven het hoofd te houden, want kort erna werd Glenn ontslagen.

Overigens had Glenn deze keer een vrouw uitgezocht die hem in excentriciteit nog overtroefde. Zo placht Jacqueline haar poedels te laten verven in de kleur van de bekleding van haar Cadillacs en zou ze in 1926 de societyrubrieken halen door de bekende filmster Rudolph Valentino een door haar gefokte, 80 kilo wegende en 5000 dollar kostende Ierse wolfshond cadeau te doen. Uiteindelijk zou het steenrijke echtpaar zich in toenemende paranoia terugtrekken in een zelfontworpen roze namaakkasteel op Wye Island, aan de oostkant van Maryland. Van daaruit koos Glenn op een zeker moment met zijn jacht het ruime sop en verdween, zoals gewoonlijk met onbekende bestemming.

*

En zo begon het nieuwe decennium. In New York bereikten zowel de wolkenkrabbers als de roklengtes nieuwe hoogtes. De *roaring twenties* barstten in al hun vitaliteit los en de *flappers*, zoals modieuze jonge vrouwen werden genoemd, zetten tegelijkertijd met de korsetten, de lange rokken en het lange haar de sociale en seksuele conventies van hun victoriaanse voorgangsters overboord. Ze gingen naar jazzclubs en dansten de *Lindy hop*, dit als eerbewijs aan Charles Lindbergh, die er als eerste vliegenier in geslaagd was de Atlantische Oceaan over te vliegen.

De twintigste-eeuwse consumptiemaatschappij rukte op tot in de verste uithoeken van Amerika, en luxegoederen die tot de wereldoorlog alleen aan de superrijken waren voorbehouden, zoals auto's en ijskasten, werden nu bereikbaar voor de grote massa. Voor 290 dollar kocht je al je eigen T-Fordje. Industrie en welvaart groeiden navenant en New York nam de positie van 's werelds financieel centrum definitief over van Londen. Amerika was nu inderdaad ontegenzeggelijk *the greatest nation*, het geweldigste land ter wereld.

Voor Anson waren het drukke jaren. In 1922 werd hij benoemd tot vicevoorzitter van de raad van bestuur en tot president-directeur van de internationale tak van het nog steeds groeiende General Electric. Daarnaast vervulde hij tientallen neven- en vrijwilligersfuncties, waaronder het voorzitterschap van het selectiecomité van de New Yorkse Kamer van Koophandel en die van de Automobile Club of America. Ook Allene zorgde ervoor dat ze bezig bleef. Als ze haar man niet vergezelde tijdens zijn veelvuldige zakenreizen naar Europa, manifesteerde ze zich in het liefdadigheidscircuit, met name bij veteranenorganisaties en ziekenhuizen. Ook maakte ze naam als kunstverzamelaarster – in 1921 werd ze *sustaining member* van het Metropolitan Museum of Art. Datzelfde jaar maakte ze haar comeback in de societyrubrieken, waar ze ruim drie jaar zo goed als onzichtbaar was geweest.

Zoals oorlogsinvaliden zich kunstledematen hadden laten aanmeten of geschilderde maskers voor hun verminkte gezicht, zo bleek Allene het gat in haar hart te hebben opgevuld met pseudokinderen – jonge mensen wie ze de liefde kon geven die ze aan Greta en Teddy niet meer kwijt kon. Zo fungeerde ze als een soort plaatsvervangende moeder voor Jane Moinson, een jonge Française die Anson en zij in de zomer van 1919 in Frankrijk hadden ontmoet. Deze enige dochter van de bekende Parijse chirurg Louis Moinson had kort daarvoor haar eigen moeder verloren en kon wel wat afleiding en zorg gebruiken.

Na twee opeenvolgende winters bij de Burchards te hebben gelogeerd, maakte Jane in mei 1921 op twintigjarige leeftijd haar officiële debuut in New York, compleet met een hele reeks door haar gastvrouw georganiseerde lunches, diners en zelfs een bal. Al snel meldde zich een geschikte huwelijkskandidaat voor de mooie Parisienne in de vorm van Cyrus W. Miller, een jonge ingenieur van General Electric. In juni trouwden ze, tijdens een grootse, door meer dan driehonderd gasten bijgewoonde bruiloft op Birchwood.

Een jaar later was het de beurt aan een andere 'dochter' van

Allene en Anson. Kitty, die weer naar de Verenigde Staten was teruggekeerd, had een nieuwe liefde gevonden in de persoon van bankier en oorlogsveteraan Henry Wallace Cohu. Wally, zoals iedereen hem noemde, was een van de bruidsjonkers geweest tijdens de bruiloft van Jane Moinson. Ze trouwden in de zomer van 1922 in het huis van Kitty's ouders op Long Island. Met financiële steun van de Burchards, die als stille vennoten in zijn firma fungeerden, zette Wally vervolgens een eigen investeringsbank op.

En dan was er nog het gezin van Allenes nicht Julia. De laatste was een dochter van een van de zussen van Allenes vader. Allene en zij scheelden maar een paar jaar in leeftijd en waren praktisch samen in Jamestown opgegroeid. Later was Julia getrouwd met een zoon van de controversiële Joodse krantenuitgever Edward Rosewater, die na een aantal zakelijke tegenslagen besloten had zich met zijn gezin in New York te vestigen.

De Burchards waren bijzonder op de Rosewaters gesteld, ook omdat hun kinderen zoveel gelijkenis vertoonden met de kinderen die zij zelf verloren hadden. Julia's oudste, Charlotte, leek door een speling van de natuur uiterlijk sprekend op Greta – ze hadden zussen geweest kunnen zijn. En de jongste, Seth, was net zo geïnteresseerd in techniek als Teddy dat was geweest, en vastbesloten om later, net als zijn oom Anson, ingenieur te worden en bij General Electric te gaan werken.

*

Terwijl Allene samen met Anson een vervangend gezin om zich heen opbouwde, kalfde haar eigen familie nog verder af.

In januari 1923 overleed haar moeder, twee jaar later gevolgd haar vader. In beide gevallen was hun dochter naar Zuid-Frankrijk gegaan om hen de laatste maanden van hun leven te verzorgen. Jennette en Charles Tew werden begraven op het voor Engelsen gereserveerde gedeelte van La Caucade, het oude, hoog in de heuvels gelegen kerkhof van Nice, ver weg van het plaatsje bij het Chautauquameer waar ze ooit vandaan waren gekomen.

Na het overlijden van haar ouders maakten Allene en Anson een nieuwe start. Ze verkochten het met herinneringen beladen Allene Tew Nichols House aan 64th Street en kochten in plaats daarvan een nog veel groter en exclusiever pand aan Park Avenue, dat in deze jaren de status van Fifth Avenue als meest begeerlijke adres van Amerika definitief had overgenomen. 'If America has a heaven, this is it', in de woorden van het liberale weekblad *The New Republic* in 1927.

Het nieuwe huis, dat de hele zuidwestelijke hoek van Park Avenue en 69th Street in beslag nam, was acht jaar eerder gebouwd in opdracht van bankier Henry Pomeroy Davison, die een buitenhuis bezat in Lattingtown en een goede bekende geweest was van de Burchards. Het had vijf verdiepingen, tien *master bedrooms*, veertien bediendekamers, twee liften en een inpandige garage. Na Davisons overlijden in 1922 had zijn vrouw het huis te koop gezet voor meer dan een half miljoen dollar – een bijna niet op te brengen bedrag in deze jaren.

Maar geld speelde in deze jaren voor de Burchards geen enkele rol meer. Anson was, aldus een geschiedschrijving van General Electric, een 'genius in financial matters', een genie op financieel gebied, en had gedurende zijn lange carrière een miljoenenvermogen bij elkaar verdiend. Allene, zelf ook niet gespeend van zakelijk talent, was in de woorden van een van zijn collega's, 'extremely wealthy'. Naast het fortuin dat ze zelf had verdiend in de jaren na de scheiding van haar tweede man, had ze de beschikking over de Hostetter-miljoenen die haar tijdens de jeugd van haar kinderen waren ontzegd, maar nu alsnog door hen aan haar waren nagelaten.

Bijna tegelijkertijd met het huis aan Park Avenue kochten ze ook nog een huis in Parijs, dat al sinds de belle époque een grote aantrekkingskracht uitoefende op kosmopolitische, artistieke en liberale Amerikanen. De Franse hoofdstad was als gevolg van de oorlog weliswaar flink verarmd, maar had nog niets aan allure en charme ingeboet. En voor Amerikanen was de Franse droom alleen maar meer onder handbereik gekomen. Zij kochten met de welvaart in eigen land in de rug, massaal de *châteaux* en stadspaleisjes op die de chique Franse families zich niet meer konden veroorloven. Op het moment dat de Burchards hun herenhuis in het achtste arrondissement kochten, stonden er al zo'n 40 000 landgenoten op Parijse adressen geregistreerd.

Het leven zelf had Allene misschien niet in de hand, maar de aankleding van haar huizen wel, en daar gaf ze zich geheel en al aan over. Het grote huis aan Park Avenue richtte ze van kelder tot zolder in in Franse stijl, met onder andere wandkleden uit Versailles. Ansons grote verzameling Engelse mezzotinten vond er een plek, evenals de kunstcollectie die ze in de voorgaande jaren samen hadden opgebouwd en waar een in 1778 geschilderd landschap van de Britse schilder Thomas Gainsborough het onbetwiste hoogtepunt van was. Het resultaat was wat een van de vele vrienden van de Burchards in diplomaten- en zakenkringen later vol bewondering omschreef als 'a delightful house'.

Met de nieuwe domicilies aan beide kanten van de oceaan en hun alternatieve 'gezin' leken Allene en Anson erin geslaagd een nieuw gelukkig eiland voor zichzelf te maken – heel anders dat het vorige, maar alleszins leefbaar. Ze waren nu een meer dan bemiddeld echtpaar van middelbare leeftijd met vele interesses en een boeiend leven. Weliswaar werden ze niet omringd door eigen kinderen, maar wel door de vele vrienden die ze in de loop der jaren zowel in Amerika als daarbuiten hadden gemaakt. En ze hadden elkaar. In de veertien jaar sinds hun kleine huwelijksplechtigheid aan Onslow Square hadden ze het ergst voorstelbare meegemaakt en het samen overleefd; ouderdom en ziekte zouden ze zeker ook kunnen trotseren.

*

Het was een gewone zondag in de koude januarimaand van 1927 en Anson, die inmiddels begin zestig was, deed ook iets heel gebruikelijks: hij ging lunchen bij een goede vriend van hem, de Joodse bankier Mortimer Schiff, die even verderop aan Park Avenue woonde en net als de Burchards al jaren een buitenhuis bezat in Locust Valley. Maar voor Allene veranderde de dag in een boze droom toen zijn vrienden haar later die middag kwamen vertellen dat Anson niet meer, en nooit meer, thuis zou komen.

De volgende dag schreven de kranten dat de GE-topman halverwege de lunch onwel was geworden en door zijn disgenoten naar Schiffs bibliotheek was gedragen. Daar, op de vloer, was de grote man zomaar overleden, zonder dat de inderhaast ingeroepen dokter nog iets voor hem had kunnen doen. De officiële doodsoorzaak was *acute indigestion*. In feite was het waarschijnlijk een hartstilstand, als gevolg van een grotendeels zittend leven, te hard werken en een te hoog lichaamsgewicht.

Drie dagen lang lag Anson opgebaard tussen zijn mezzotin-ten, in de grote hal van zijn huis aan Park Avenue. De herden-kingsdienst begon om elf uur in de ochtend van de 25ste janu-ari. Voor het eerst in zijn geschiedenis hield General Electric alle kantoren tot één uur gesloten, dit bij wijze van eerbetoon aan de man die zo'n belangrijke rol had gespeeld in de opbouw van het concern. Anson was uitermate geliefd geweest onder zijn vrienden en collega's en de belangstelling was enorm.

Die middag begroef Allene de man die haar grote liefde was op de begraafplaats aan het einde van Feeks Lane in Lat-tingtown – vlak bij zijn eigen Birchwood en het graf van de stiefdochter die hij als een eigen kind had beschouwd en op-gevoed. Daarna was ze voor het eerst in al die jaren werkelijk alleen, met haar nu voor de tweede keer onherstelbaar ver-minkte hart. Ze was rijk, maar wat betreft mensen die werke-lijk bij haar hoorden, armer dan zelfs de eenvoudigste bedien-de in haar huizen.

Allene was 'the richest and saddest of New York's socially celebrated widows', schreef *The New York Times* kort na An-sons overlijden – de allerrijkste maar ook zeker de allerdroe-vigste van New Yorks sociaal actieve weduwes.

*

Jaren later zou Allene iemand in haar omgeving proberen op te vrolijken. 'Everyone has sadness and much trouble and likes a gay pleasant friend about,' schreef ze, gevolgd door, in hoofd-

letters: 'COURAGE ALL THE TIME' – HOU ALTIJD MOED.
Maar vrolijk en plezierig gezelschap kon de droevigste weduwe van New York in het voorjaar van 1927 zelf onmogelijk
meer zijn. Goed in slachtofferschap en het trotseren van me-
delijdende blikken van anderen was ze evenmin. En dus was
het enige wat haar nog overbleef de 'Moed'.

Aan het einde van de winter kreeg de staf van het Greta-
Theo Holiday House te horen dat het huis die zomer niet
meer open zou gaan. De eigenaresse was, luidde de verklaring,
van plan het land te verlaten en zou niet meer in staat zijn er
leiding aan de geven, laat staan er nog met een vrachtwagentje
vol kool en kippen naartoe te komen scheuren. Een haastige
petitie van de 'Greta-Theo Girls', zoals Allenes vakantiegang-
sters zich noemden, zorgde ervoor dat het complete landhuis
geschonken werd aan een New Yorkse liefdadigheidsorganisa-
tie, die het vakantieoord in de geest van de oprichtster voort-
zette.

Op 13 april 1927 vertrok Allene. Ze reisde met het vlaggenschip van de Cunard Line, de RMS Mauretania, waarop ze ontelbare keren samen met Anson de oversteek naar Europa had
gemaakt. Nu, op haar vierenvijftigste, ging ze voor de allereerste keer alleen – weg van de stad waar te veel mensen haar geschiedenis te goed kenden, weg van dat verhaal zelf, weg ook
vooral van de herinneringen aan zo ongeveer iedereen die ze
familie had kunnen noemen. En terwijl de Mauretania zich in
deze nog kille lentemaand gestaag door de loodgrijze golven
oostwaarts ploegde, liet zij vier jaar van haar leeftijd, haar don-
ker geworden haarkleur en haar verleden in het kielzog achter
zich verdwijnen.

Zovelen hadden deze zelfde route vanuit Europa naar Amerika gevolgd, vastbesloten om een nieuwe start te maken – de neus in de wind, de blik koppig gericht op datgene wat er vóór de steven van het reusachtige zeeschip lag. En allemaal hadden ze zichzelf tijdens het merkwaardige limbo tussen hier en daar dat een zeereis is opnieuw uitgevonden en aangepast, om zo goed mogelijk voorbereid te zijn op het leven aan de overkant. Allene deed hetzelfde, maar dan de andere kant op. Ze was een omgekeerde landverhuizer.

Vanuit Allenes jeugd klonken nog de echo's door van de pioniers die in het woud rond het Chautauquameer hun afgebrande nederzetting keer op keer weer hadden opgebouwd en uiteindelijk een hele stad uit de grond hadden weten te stampen. Ze kwam nu eenmaal uit een geslacht van stoere mensen, die weinig tijd en geduld hadden voor zelfmedelijden en zwakte. En ze was bovenal Amerikaans. En als er iets Amerikaans was, dan was dat wel het idee dat er altijd wel ergens een nieuw begin te vinden moest zijn.

8

De Amerikaanse prinses

Zo'n anderhalf jaar later – het was een warme augustusdag in 1928 – schreef een negenenveertigjarige Duitse edelman een brief vanuit het kasteeltje Stonsdorf, in het Reuzengebergte in het Zuid-Duitse Silezië. Zijn naam was Henry Reuss en hij was een telg uit een vorstelijke familie die tot 1918 als een van de oudste en voornaamste van Europa had gegolden. Hoewel een naam boven de brief ontbreekt – de ontvangster moest het doen met het beleefde 'Gnädiges Fräulein' – was die afgaande op de inhoud gericht aan een gouvernante. Zij had ooit voor hem en zijn broers en zus gezorgd en speelde nu een belangrijke rol in het leven van zijn kinderen, die sinds de dood van Henry's ex-vrouw, vijf jaar eerder, als halfwees waren achtergebleven.

Henry had, zo schreef hij, een mededeling die ze 'strikt' vertrouwelijk moest houden. Het ging namelijk om een 'tief einschneidender Ereignis' voor hem, maar ook in de levens van zijn dochter Marlisa en zijn zoon Heiner:

Ik heb me verloofd, en wel met de verweduwde Mrs. Burchard, geboren Tew, uit New York. Zij komt uit een streng protestants huis dat in Amerika in hoog aanzien staat, is drie jaar ouder dan ik en heeft drie kinderen gehad, die ze allen verloren heeft. ... Mijn verloofde heeft verder geen naaste bloedverwanten en staat eenzaam in het leven. Daardoor gaat al haar heel sterke moederliefde, al haar fijnzinnig moederlijk begrip en gevoel uit naar mijn kinderen. Ik weet dat zij daardoor datgene voor mijn beide lievelingen zal worden wat ze beiden zonder het te weten missen. En ik zie zelfs nu al, hoe mooi hun relatie zich in de beste harmonie opbouwt en met hoeveel wijs en diep begrip mijn verloofde zich over de twee moederlozen ontfermt.

Ook voor hemzelf was de Amerikaanse weduwe, aldus Henry, alles wat hij zocht in een vrouw:

Mijn verloofde is voor mij innerlijk precies datgene waarnaar ik vurig verlang: een door diep leed gegaan en daardoor beproefd mens vol oprechtheid, goedgezindheid, in al haar mildheid daadkrachtig, energiek, doelbewust – met een groot en waarachtig gevoel voor kunst, het beste willend en het mooie zoekend. Wij zijn natuurlijk geen baby's meer en hebben ons in een werkelijke, diepe genegenheid en vanuit onze wederzijdse eenzaamheid gevonden.

Zowel Henry's kinderen als enkele familieleden waren inmiddels op de hoogte van het heugelijke feit:

Ik heb het de kinderen eergisteren verteld. Ze waren er eerst stil van en vervolgens heel ontroerend blij en allebei vanuit hun lieve harten zo bijzonder hartelijk. Ze brengen veel tijd door met mijn verloofde. Ze leren elkaar steeds beter kennen en hopelijk ook steeds meer liefhebben. Ik ben werkelijk verbaasd hoeveel aanhankelijkheid en vertrouwen Marlisa al voor haar ontwikkelt; bij Heiner gaat dat nu eenmaal gemakkelijker en eenvoudiger.

Mijn naaste verwanten – de enigen naast u die van mijn verloving weten – hebben, nadat er al een langere briefwisseling aan vooraf was gegaan, mijn verloofde met open armen ontvangen. Ze hebben elkaar, zoals ik al schreef, in Dresden ontmoet en daar kwam men in alle harmonie nader tot elkaar. Morgen komt mijn oudste broer hier. Mijn zuster moest vandaag weer naar Berlijn. Ook zij was zeer ingenomen met mijn verloofde en de grote innerlijke voornaamheid van deze unieke vrouw.

Hopelijk zou ook de gouvernante, schreef Henry, haar 'prononcierte Aversion gegen Ausländer', haar uitgesproken hekel aan buitenlanders, opzij willen zetten in het belang van de kinderen. Ten overvloede verzekerde hij haar nog eens dat zijn verloofde hen geheel in de geest en de liefde van hun eigen moeder zou opvoeden en dat hij en zij het daarover volledig eens waren. De bruiloft zou waarschijnlijk in zeer besloten kring in april van het volgende jaar plaatsvinden en wel in Parijs, waar zijn verloofde een huis bezat. Ondertussen diende de verloving geheim te blijven tot het tweede rouwjaar om de vorige echtgenoot van de weduwe voorbij was. Het nieuws zou daarom pas in februari of maart openbaar gemaakt worden.

*

Misschien toonde de Duitse prins zich in zijn hoopvolle brief niet helemaal juist geïnformeerd over de leeftijd van zijn aanstaande en evenmin over het grote aanzien dat haar *Haus* in Amerika zou genieten. Maar in één ding had hij Allene treffend getypeerd: ze was inderdaad ronduit eenzaam.

Na haar reis over de oceaan in het voorjaar van 1927 had Allene aanvankelijk gelogeerd bij haar oude vriendin Olive Greville, die het huwelijk met Anson vanaf het allereerste begin had meegemaakt. Maar ze kon nu eenmaal niet eindeloos bij de Grevilles in Engeland blijven, en reisde daarom in de loop van de zomer door naar Parijs, met het idee om daar, als zoveel Amerikanen die thuis iets te ontvluchten hadden, een nieuw leven op te bouwen. Daarvoor had ze behoefte aan een nieuw huis, dat haar niet voortdurend zou herinneren aan diegene met wie ze eigenlijk in Parijs had willen zijn.

Aan het eind van de zomer liep ze voor de eerste keer rond in het elegante stadspaleisje aan de Rue Barbet-de-Jouy dat het hare zou worden. Het huis lag in het zevende arrondissement op de linkeroever van de Seine, waar van oudsher veel rijke en artistiek angehauchte Amerikanen samenklonterden. Om de hoek, in de Rue de Varennes, woonde de inmiddels oude maar nog altijd zeer succesvolle schrijfster Edith Wharton. Het huis was gebouwd tijdens de kortstondige regeerperiode van keizer Napoleon III voor de toenmalige graaf de Montebello en nu in het bezit van zijn kleindochter.

Albertine de Montebello had in haar jonge jaren bekendgestaan als 'one of the loveliest, most charming, most intelligent women Paris could boast', en had aan de Rue Barbet jarenlang een befaamde politiek-mondaine salon gedreven. Maar ook de inmiddels bejaarde *comtesse* zag zich nu door geldgebrek

en hoge belastingen gedwongen haar familiebezit te verkopen aan een van de vele, in dollars rollende Amerikaanse nouveaux riches, die als een zwerm luidruchtige sprinkhanen op
Parijs waren neergestreken. En die hun nieuwe bezit vervolgens grondig moderniseerden, want de Fransen mochten dan
het patent bezitten op goede smaak en cultuur, van badkamers
en andere staaltjes van modern Amerikaans comfort hadden
ze, zo vonden de expats, weinig kaas gegeten.

Toch lijkt voor Allene niet zozeer de locatie, de tot de verbeelding sprekende geschiedenis of zelfs de charme van het
rijkelijk met cherubijntjes en bloemen gedecoreerde huis de
doorslag te hebben gegeven om het te kopen. Het was het
huisnummer – 33, Allenes geluksgetal. Dat was nog een erfenis uit Jamestown, waar een ondernemende middenstander op
nummer 33 aan Main Street een succesvolle kledingzaak met
de toepasselijke naam Proudfit had gedreven. Bij wijze van re-
clame had hij bomen en rotsen tot in de verre omtrek laten be-
schilderen met de dubbele drie en de cijfers zelfs als telefoon-
nummer weten te claimen.

Veel had Allene niet meegenomen toen ze destijds als zwangere achttienjarige was weggelopen, maar aan de dubbele drie
als geluksnummer had ze altijd vastgehouden. Daarin toonde
ze zich, hoewel presbyteriaans opgevoed, even bijgelovig als
het merendeel van haar verder toch zo moderne landgenoten
– in New York was nog steeds geen dertiende etage te vinden.
En zoals gelovigen in moeilijke tijden terugvallen op hun religie, zo viel de uit het lood geslagen Allene terug op die van
haar: een huis met nummer 33 op de voordeur móést haar wel
het geluk brengen dat ze nu verschrikkelijk hard nodig had.

Begin oktober 1927, bijna op de dag af waarop Teddy zijn

dertigste verjaardag gevierd zou hebben, tekende ze het koop-contract. Enkele dagen later onthulde ze in Masnières een ge-denkteken op de plek waar haar zoon was neergestort, dat haar door de dorpelingen was aangeboden als dank voor haar bij-drage aan de wederopbouw van het dorp. Diezelfde dag open-de ze de naar hem vernoemde jongensschool. Op de plaquette, die vermeldde dat de school gebouwd was als herinnering aan 'leur fils', hun zoon, waren zij en Anson nog één keer in mar-mer verenigd.

*

Zowaar: luttele maanden nadat Allene was begonnen aan een grondige modernisering van het huis aan 33 Rue Barbet-de-Jouy, maakte ze kennis met een knappe diplomaat die werk-zaam was op de Duitse ambassade aan de nabijgelegen Rue de Lille. En die – hoe overduidelijk kon het lot zijn! – óók een dubbele drie in zijn naam had, want Henry droeg als adellijke titel die van de drieëndertigste prins Reuss.

Die xxxiii in zijn naam dankte Henry aan de merkwaar-dige gewoonte in de familie Reuss om alle zonen Heinrich te noemen, met een nummering die iedere eeuw opnieuw begon om ze van elkaar te onderscheiden. Daarnaast kregen ze een roepnaam die een variant op de doopnaam was. Zo ging Hen-ry's oudere broer als Heino door het leven, de jongere als Hen-rico en werd zijn zoon – wiens officiële titel Heinrich II prins Reuss luidde, omdat hij de tweede Reuss-prins was die in deze eeuw was geboren – Heiner genoemd.

Overigens had Henry het geluksnummer in zijn naam niet eens echt nodig om de even rijke als eenzame Amerikaanse weduwe te charmeren. Hij stond bekend als een knappe en charmante man. Ooit, toen zijn familie nog serieuze aansprakken kon doen gelden op de Hollandse troon – dit omdat hun verre nicht, koningin Wilhelmina, kinderloos dreigde te blijven – hadden de Nederlanders al openlijk te kennen gegeven hem liever als koning te willen dan zijn oudere, niet bijster intelligente broer. Tijdens een achtdaags bezoek aan het land in 1908 was Henry enthousiast ingehaald als 'intelligent, *good looking* en kunstzinnig', in alle opzichten de ideale troonkandidaat.

Van dat koningschap was het nooit gekomen, omdat Wilhelmina tegen alle verwachtingen in een jaar later alsnog een dochter produceerde. Maar knap was Henry nog steeds. Met hem kreeg Allene, kortom, een zeven jaar jongere en zeer toonbare echtgenoot, die net als zijzelf zeer bereisd was – gedurende zijn diplomatieke carrière was hij onder andere in Japan en Australië gestationeerd geweest – en haar grote liefde voor kunst deelde. Daarnaast zou ze, ook geen sinecure voor een meisje dat haar eerste stapjes had gezet in een stalhouderij in Jamestown, na het huwelijk als een van de eerste Amerikaansen ooit de prinsessentitel mogen voeren.

En ten slotte, en misschien was dat nog wel het allerbelangrijkste: met Henry en zijn moederloze kinderen kreeg ze weer een gezin dat ze met recht en reden het hare kon noemen.

*

Overigens bewaarde Henry in zijn brief aan de gouvernante de reden voor de verbintenis die voor hém misschien de allerbelangrijkste was tot het laatst. En dat waren de financiële consequenties ervan. Oftewel geld, iets waar de prins een chronisch gebrek aan had.

Zoals de meeste Duitse adellijke families waren ook de Reussen sinds het einde van de wereldoorlog zwaar verarmd. Na de ineenstorting van het Duitse front en de smadelijke vlucht van keizer Wilhelm ii in november 1918, was er een revolutie uitgebroken, die de monarchieën als dominostenen had doen omvallen. Tijdens de Weimarrepubliek, die in de plaats gekomen was voor het uit elkaar gevallen keizerrijk, hadden de aristocraten zo goed als al hun priviliges en ook een groot deel van hun grondgebied, waar ze van oudsher hun inkomen uit haalden, moeten inleveren.

Voor Henry's familie kwam daar nog de ongelukkige omstandigheid bij dat het familielandgoed Trebschen gelegen was in Posen, in de noordoostelijke hoek van het voormalige keizerrijk. Deze provincie was als gevolg van het Verdrag van Versailles, waarbij Duitsland gedwongen was een groot deel van zijn grondgebied af te staan, vlak naast de Poolse grens komen te liggen. De ooit welvarende streek was daardoor in hoog tempo leeggelopen en verpauperd, en het water stond de Reuss-broers inmiddels tot aan de lippen. Alle bezit dat nog verkocht kon worden was al weg, het restant van het grondgebied tot de laatste meter beleend, en het huis zelf, dat voor de oorlog een waar lusthof was geweest, was nu zo vervallen dat hun zuster, die met haar nog wel redelijk solvabele echtgenoot op Stonsdorf woonde, er niet eens meer met haar gezin wilde komen.

Henry knoopte de eindjes met moeite aan elkaar in Parijs, waar hij zijn oude beroep als diplomaat weer had opgepakt nadat hij tijdens de oorlog zwaargewond was geraakt aan het

Russische front. Maar de kinderen, die na de dood van hun moeder zijn verantwoordelijkheid waren geworden, woonden nog steeds op het bouwvallige Trebschen bij zijn oudere broer, omdat hij eenvoudigweg geen geld had om hen naar een ordentelijke kostschool te sturen. Overigens werd dat geldgebrek nog verder in de hand gewerkt doordat Henry erop stond het leven in de luxe voort te zetten die hij in zijn ogen aan zijn stand verplicht was, en door het feit dat hij – zoals in Parijse diplomatenkringen genoegzaam bekend was – nogal eens afleiding zocht in drank en gokken.

Maar aan al deze zorgen zou, schreef Henry opgetogen aan de gouvernante, voorgoed een einde komen nadat zijn aanstaande huwelijk in het voorjaar van 1929 eenmaal een publiek feit geworden was:

Vanaf volgend jaar kan ik mijn kinderen dan eindelijk een betere opleiding geven dan dusver op het eenzame platteland mogelijk was – aangevuld door allerlei gezonde, praktische zaken van de moderne tijd. Zo wordt veel eerder dan ik had gehoopt een hartenwens van mij vervult. Talen, muziek, kunst en sport, veel sport!

Eveneens in het diepste vertrouwen zou ik u graag willen zeggen dat, voor zover ik de zaken kan overzien, er grote veranderingen op Trebschen plaats zullen vinden – wellicht al in het komende jaar.

Zijn toekomstige echtgenote had, aldus Henry, beloofd de schuldenlast op het familiegoed af te lossen en het huis en het park eromheen op te laten knappen. Daarna zou zijn oudste broer weer een gezellig thuis hebben en zelfs Henry's zuster

– op wie de gouvernante duidelijk zeer gesteld was – er weer met haar gezin kunnen komen logeren. Al moest de laatste over dit alles natuurlijk haar mond nog voorlopig stevig dichthouden, want, zoals hij schreef, 'al deze zaken worden op dit moment reeds uiterst zorgvuldig en juridisch, in dit en elk ander opzicht, voorbereid en afgewogen'. Kortom, de onderhandelingen waren nog in volle gang.

Vanzelfsprekend realiseerde Allene, hoe verliefd en eenzaam ze misschien ook was, zich best dat haar Duitse *prince charming* haar niet alleen om haar mooie blauwe ogen en moederlijke instincten het hof maakte. Later zou een vriend van haar beschrijven hoe ze daar tijdens een gezamenlijk bezoek aan de voormalige Duitse keizer, die in ballingschap leefde in het Nederlandse Doorn, ook geen doekjes om wond:

Tijdens haar verloving met prins Henry Reuss dineerden ze eens bij Wilhelm ii in Doorn, toen de keizer, wiens manieren altijd afschuwelijk waren, vroeg, en bepaald niet zachtjes: 'Wat kan een Reuss-prins in godsnaam hebben aan een huwelijk met een Amerikaanse?' Allene antwoordde, net hoorbaar genoeg: 'Sir, zijn boterham.' En de keizer liet het onderwerp verder wijselijk rusten.

Maar dat een deels op zakelijke motieven gebaseerde verbintenis toch heel gelukkig kon zijn, was iets waar Allene niet aan twijfelde. Waren niet zo goed als alle huwelijken tussen Britse adel en Amerikaanse erfgenames op dollars gebaseerd? En waren velen daarvan, zoals die van haar vrienden de Grevilles, niet meer dan bevredigend uitgepakt?

*

Zoals wel vaker het geval in Allenes door de societypers nauwgezet bijgehouden leven, was de primeur voor de *The New York Times*. 'Mrs. Burchard ... is Reported Engaged to Prince Henry', berichtte de krant op 28 oktober 1928 – Mrs. Burchard schijnt verloofd te zijn met prins Henry. Hoewel het stel zich op dat moment al veelvuldig gezamenlijk vertoonde bij sociale evenementen binnen de Amerikaanse kolonie in Parijs, werden geruchten over een ophanden zijnde verloving op dat moment nog categorisch ontkend. Maar de verslaggevers roken een goed verhaal en volgden Allenes bewegingen vanaf dat moment op de voet.

In december reisde de societyweduwe alleen naar New York – naar alle waarschijnlijkheid om de zakelijke kant van de voorgenomen verbintenis te regelen; begin januari keerde ze alweer terug naar Europa. Van hieruit zou ze, aldus de kranten, doorreizen naar Egypte, waar ze een salonboot had gecharterd voor een vierweekse cruise over de Nijl. Onder de zeven gasten die ze had uitgenodigd, bevonden zich de Britse Lord en Lady Greville en ook de Duitse prins met wie ze de voorgaande herfst zo veelvuldig was gesignaleerd.

Nog geen twee weken na de afvaart van de luxueuze Indiana – 'een drijvend paleis' volgens de kranten – was de nijvere nieuwsjager van concurrent *The Washington Post* die van de *Times* te snel af. 'Prince is to Marry 300 000 Widow', kopte de krant, 'De prins gaat trouwen met de weduwe van 300 000 dollar'. Onnauwkeurig als het bericht was – Allene was in werkelijkheid natuurlijk vele malen rijker –, het maakte haar thuisfront wel duidelijk dat ze haar leven weer had opgepakt. En hoe.

De dag erna mat *The New York Times* het sprookje van de tragische New Yorkse weduwe die wakker was gekust door een échte prins breed uit in een rijkelijk van foto's voorzien artikel. Dat het inderdaad om een sprookje ging werd – ongetwijfeld geheel tegen de bedoeling in – nog eens benadrukt door de foto's die het verloofde stel aan de krant ter beschikking had gesteld. Met name de nu blond geworden, zwaar opgemaakte en stevig geretoucheerde Allene oogde dermate geflatteerd dat ze voor oude New Yorkse vrienden en kennissen nauwelijks meer te herkennen viel.

Allenes vierde bruiloft vond, zoals gepland, plaats op 10 april in haar huis aan de Rue Barbet. De bruid werd weggegeven door een kennis van de Amerikaanse ambassade; verder waren alleen Henry's beide broers getuige van de plechtigheid. Zijn kinderen waren er niet bij – zo verzoend met hun nieuwe moeder waren ze nu blijkbaar ook weer niet – maar werden wel meegenomen op de huwelijksreis, waarbij het kersverse gezin maandenlang in grote stijl door Amerika toerde. Op het programma stonden onder meer een bezoek aan de Sing Sing-gevangenis en de elektrische stoel, de feestelijke heropening van het New Yorkse St. Regis Hotel en een speciaal ter ere van de prinselijke visite georganiseerde lunch in de Princeton Club.

De Duitse prins liet zich, zoals een societyverslaggever ietwat vilein opmerkte, het ontzag voor zijn prinselijke status, die hij in eigen land allang niet meer gewend was, met zichtbaar genoegen aanleunen. 'Prince Henry was apparently not displeased with the concern his presence incited' – hij was niet bepaald ongelukkig met de aandacht die zijn aanwezigheid opwekte. Weliswaar was de prins, zo werd er nog wat vileiner aan toegevoegd, 'not at all bad looking, but somewhat more youthful than his wife'. Henry zag er inderdaad helemaal niet slecht uit, maar wél wat jeugdiger dan zijn vrouw.

*

Die zomer verdween de schuldenlast van Trebschen als bij toverslag en werd een grootscheepse renovatie van het landgoed in gang gezet. Deel daarvan was een nieuwe, door Henry hoogstpersoonlijk ontworpen manege. Maar al tijdens Allenes eerste bezoek aan Duitsland in juli 1929 kwam ze tot de ontdekking dat haar echtgenoot haar misschien toch niet helemaal goed ingelicht had over de welwillendheid die ze in zijn familie zou ondervinden.

De Duitse *Hochadel* mocht dan wel zo goed als al zijn macht en geld verloren zijn, aan arrogantie en standsbewustzijn had die nog niets ingeboet. Algemeen werd het feit dat een van hen zich door omstandigheden gedwongen had gezien zó ver onder zijn stand te trouwen, ervaren als een grove belediging. Allenes nieuwe schoonfamilie bleek dan ook geen enkele boodschap te hebben aan de 'grote innerlijke voornaamheid' die ze haar volgens Henry een jaar eerder nog hadden toegeschreven. Ze was, zoals een familielid zei 'überhaupt nicht willkommen in der Familie'. Men bleef in Allenes bijzijn daarom demonstratief Duits praten, ook al wisten ze dat het nieuwe familielid daar geen woord van verstond.

Maar de grootste teleurstelling voor Allene was ongetwijfeld de houding van Henry's veertienjarige dochter, in wie zij een nieuwe Greta had gehoopt te vinden. Marlisa liet geen gelegenheid onbenut om te laten zien dat ze niets, maar dan ook helemaal niets van haar stiefmoeder wilde weten. Haar eigen moeder, Viktoria Margarethe prinses van Pruisen, was een nicht van de vrouw van Wilhelm ii geweest en had tot de hoogste adel van Europa behoord. Hoe kon deze te zwaar opgemaakte, rokende Amerikaanse met haar luidruchtige vrienden ook maar denken ooit in haar hoogadellijke voetsporen te treden?

Allene, optimistisch als altijd, liet zich haar sprookje in eerste instantie niet zomaar afpakken. Natuurlijk moesten Henry's familie en de kinderen wennen aan de nieuwe situatie en was er tijd nodig om vertrouwen en liefde te doen groeien. En om nog eens te laten zien hoe serieus ze was in haar voornemen alles te doen om haar nieuwe echtgenoot gelukkig te maken – en ongetwijfeld ook om al te veelvuldige bezoeken aan Trebschen in de toekomst te voorkomen – kocht ze aan het eind van die zomer een romantisch buitenhuis bij Fontainebleau, op zo'n dertig kilometer ten zuidoosten van Parijs.

Château de Suisnes was in 1684 gebouwd als jachthuis voor een maîtresse van Zonnekoning Lodewijk xiv. Gedurende de negentiende eeuw was het in het bezit gekomen van ontdekkingsreiziger Louis-Antoine de Bougainville, die er een sterrenobservatorium en een kunstmatige grot liet bouwen en er een schitterend, door het riviertje de Yerres doorsneden, zeventien hectare groot park omheen aanlegde. In deze idyllische omgeving zou Henry, die zijn leven lang artistieke ambities had gekoesterd en al tijdens hun cruise in Egypte en de huwelijksreis in Amerika driftig aan het schilderen was geweest, eindelijk de ruimte en tijd hebben om die te ontplooien.

Dat het Zwitsers-Italiaans aandoende alpenlandschap waarmee Henry de daaropvolgende winter de wanden van de noordelijke salon van Château de Suisnes bedekte, onmogelijk geclassificeerd kon worden als Grote Kunst, kon zelfs de verliefde Allene niet zijn ontgaan. Daarvoor was haar smaak te goed ontwikkeld tijdens de jaren waarin ze met Anson de wereld rondreisde en kunst verzamelde; daarvoor was ze ook te lang betrokken geweest bij een gerenommeerd instituut als het Metropolitan Museum of Art. Maar uniek was de vele meters lange wandschildering zeker, en belangrijker nog: het hield haar jeugdige echtgenoot bezig en leidde hem af van de alarmerende koppen in de kranten, die al snel hun huwelijksleven overschaduwden.

*

Het was begonnen als onweer – een zacht gerommel aan de horizon van een op dat moment nog geheel zonovergoten landschap. Op 3 september 1929 – Allenes huwelijk was net een half jaar oud en ze was druk bezig met de aankoop van Château de Suisnes – bereikten de aandelenkoersen op Wall Street het hoogste niveau in de geschiedenis. Dat maakte Allene, die zo goed als haar hele vermogen in Amerikaanse aandelen had zitten, vermogender dan ooit.

Een jaar eerder, in de zomer van 1928, had een onverklaarbare koersval weliswaar even voor kortstondige paniek op de beurs gezorgd, maar de aandelen hadden toen al snel hun klim naar nieuwe records weer voortgezet. En Amerika had vredig verder gedommeld in zijn 'new era of prosperity', zijn nieuwe tijdperk van welvaart, dat president Calvin Coolidge zijn landgenoten in 1927 in het vooruitzicht had gesteld.

Maar half oktober 1929 begon de aandelenmarkt in New

York opnieuw, net als de vorige keer schijnbaar vanuit het niets, te wiebelen. Spannende dagen volgden, al verwachtte eigenlijk iedereen dat de situatie zich, zij het op een wat lager niveau dan voorheen, spoedig zou stabiliseren. Op de 24ste oktober echter, de dag die later bekend zou komen te staan als Zwarte Donderdag, begonnen de koersen aan een niets-ontziende, alles en iedereen met zich meesleurende duikvlucht naar beneden. Wanhopige investeerders probeerden hele pakketten aandelen voor een paar stuivers aan loopjongens te slijten, complete fortuinen verdampten en tientallen desperate bankiers sprongen vanuit hun riante kantoren hun dood tegemoet.

De oorzaak van de beurskrach was eigenlijk dezelfde als van al die eerdere bankcrisissen in de geschiedenis van Wall Street: hebzucht en gegoochel met geld. Ook nu bleken speculanten, financiers en bankinstellingen de aandelenprijzen jarenlang kunstmatig te hebben opgestuwd. Zo werden aandelen aangeboden tegen een kleine aanbetaling; de rest van het bedrag kon later afbetaald worden met de winst die er dan op gemaakt zou zijn. Maar nu de koersen daalden en er geen sprake meer was van winst, resteerden er alleen nog maar schulden en klapte het hele goochelsysteem als een kaartenhuis in elkaar.

De Amerikaanse kolonie in Parijs was in de greep van angst en verbijstering. De meeste *expatriates* namen de eerste boot naar huis om daar te redden wat er te redden viel. Als ze al niet meer aan het contante geld konden komen dat ze voor de reis nodig hadden, probeerden ze hun Franse bezit nog voor een appel en een ei te slijten – met veelzeggende advertenties in de makelaarskranten als gevolg:

For Sale, Cheap, Nice, Old Chateau, 1 hr. from Paris; original boi-
series, 6 New Baths. Owner Forced Return New York Wednesday.
MUST HAVE IMMEDIATE CASH. *Will Sacrifice.*

Op 12 november, een kleine drie weken na Zwarte Donderdag,
scheepte ook Allene zich op een schip in naar New York. Op
dat moment hadden de aandelenkoersen op Wall Street, en
daarmee ook haar kapitaal, al een derde van hun waarde verloren. Meteen na aankomst zette ze zowel de kapitale stadsvilla
aan Park Avenue als het buitenhuis Birchwood in Locust Valley te koop. In januari 1930, toen de markt weer enigszins tot
bedaren was gekomen en het ergste achter de rug leek, bracht
een zakenman uit Chicago een bod op Birchwood uit dat goed
genoeg was om te accepteren. Daarmee verdween Ansons huis
en de plek waar Allene de gelukkigste jaren van haar leven had
beleefd voorgoed uit haar bezit.

Wie had gedacht of gehoopt dat het ergste nu wel achter de
rug zou zijn, kwam bedrogen uit. Vooral vanaf april zetten de
koersen hun weg naar beneden weer onverminderd in. De totale industriële productie van de Verenigde Staten liep terug
tot de helft; een kwart van de beroepsbevolking was al werk-
loos. Nog eens achthonderd Amerikaanse banken gingen fail-
liet. De bouwkranen die de skyline van New York sinds mensenheugenis hadden gedomineerd, kwamen bijna allemaal tot
stilstand en op de straathoeken van de stad verschenen ap-
pelverkopers – voormalige beurshandelaren in hun dure, nu
al sleetse jassen, die probeerden in hun levensonderhoud te
voorzien door fruit te verkopen.

Tussen de rotspartijen in Central Park groeiden geïmproviseerde dorpjes van hout en karton voor hen die zelfs geen

dak boven hun hoofd meer hadden. En in het midden van deze 'echoing tomb', dit echoënde graf, zoals Scott Fitzgerald het door de crisis bevangen New York noemde, stond het net opgeleverde Empire State Building, het hoogste gebouw ter wereld, leeg te staan – als om de spot te drijven met alle hoogmoedswaanzin en poeha die de stad op haar knieën had gebracht.

*

Ergens in die troosteloze en hopeloze winter van 1930-1931 wist Allene eindelijk het geldverslindende stadshuis aan Park Avenue kwijt te raken. In plaats daarvan kocht ze een appartement in een gebouw even verderop, dat bijna al net zo'n steengeworden symbool van de crisis was als het Empire State Building. Ook '740 Park', op de hoek van Park Avenue en 71st Street, had de pech op het hoogtepunt van de welvaart te zijn ontworpen en op het dieptepunt te zijn opgeleverd. Het gebouw was bedoeld als het meesterstuk van Rosario Candela, een Siciliaanse immigrant die als tiener naar Amerika was gekomen en zich gedurende de *Boom Years* had ontpopt tot de lievelingsarchitect van de New Yorkse upper class.

In maart 1929 was de bouw gestart van wat het duurste en exclusiefste complex van New York moest worden. De eenendertig flats in het zeventien etages hoge gebouw konden zich wat betreft verhoudingen en ruimte meten met vrijstaande huizen. Ze hadden de beschikking over eigen vestibules, bediendevleugels, ingebouwde koelkasten, aansluitingen voor telefoon en radio, marmeren vloeren, bronzen raamsponningen, open haarden en cederkasten tegen de motten. Op de onderste verdieping was voorzien in chauffeurskamers, een eigen postkamer, wasserijen en opslag- en wijnkelders.

Maar toen het complex in oktober 1930 voltooid was, kon of wilde er al bijna niemand meer voor al die luxe nog betalen. Allene was in het voorjaar van 1931 een van de allerlaatste kopers en zelfs zij kon zich alleen nog maar een relatief klein appartement aan 71st Street, de donkerste en minst aantrekkelijke kant van het gebouw, veroorloven. De vele nog leegstaande appartementen werden vervolgens maar verhuurd, voor een fractie van wat ze normaal gesproken waard zouden zijn geweest.

Kort na deze deprimerende huizenruil, in april 1931, nam Allene Henry mee naar het stadje waar ze was opgegroeid. Jamestown bleek de Grote Depressie niet eens nodig gehad te hebben om in verval te raken. Al rond 1910 had de opkomst van de automobiel een einde gemaakt aan Chautauqua's kortstondige populariteit als vakantiebestemming. De grote houten hotels aan het meer waren inmiddels zo goed als allemaal verdwenen – de meeste waren in vlammen opgegaan, al dan niet moedwillig om de verzekeringspremies op te strijken.

In de jaren daarna had de meubelindustrie de lokale bedrijvigheid in Jamestown nog lang gaande weten te houden, maar nu de Amerikaanse economie praktisch tot stilstand was gekomen, was de ene na de andere fabriek gedwongen haar deuren te sluiten. Zelfs Proudfit's, de tachtig jaar oude kledingzaak aan Main Street, was door haar *lucky number* niet meer te redden – kort voor Allenes bezoek was ook hier het faillissement aangevraagd. Jamestown was weer geworden wat het ooit was geweest: een stil en eigenlijk nogal lelijk plaatsje tussen de eindeloze bossen, waar houthakkers, jagers en boeren hun inkopen kwamen doen.

Op 14 april 1932 raakte Wall Street eindelijk de bodem. De waarde van de aandelen lag nu 84% onder het niveau dat ze in september 1929 hadden gehad. Enkele maanden later, op een benauwde zomerdag, rook een kamermeisje van hotel The Pierre aan 61st Street een vreemde lucht uit een kamer met een 'Do Not Disturb'-bordje aan de deurklink. Even later werd het ontzielde lichaam gevonden van Morton Colton Nichols, Allenes tweede echtgenoot. Hij had chloroform gesnoven, cyanide geslikt en zich vervolgens opgehangen, en was al enkele dagen dood.

Volgens een familielid – waarschijnlijk zijn tweede vrouw, met wie hij al heel lang niet meer samenleefde – was aanhoudende maagpijn de oorzaak van de zelfmoord. En buikpijn zal Morton Nichols inderdaad gehad hebben. Na zijn dood bleek dat hij als gevolg van de krach niet alleen al zijn eigen geld was kwijtgeraakt, maar ook de complete familietrust erdoorheen had gejaagd, inclusief het fortuin van zijn nicht Ruth Nichols, die als een van de eerste vrouwelijke vliegeniers – *The Flying Debutante* – een nationale bekendheid was geworden.

*

Arme Henry. Het leek wel alsof de duivel met hem speelde. Zo lang als hij zich kon herinneren hadden de verliezen en de teleurstellingen zich aaneengeregen. Eerst de Nederlandse troon, die door de geboorte van kroonprinses Juliana aan de neus van zijn familie voorbij was gegaan. Toen de oorlog, die zo smadelijk en in de ogen van Duitse edellieden zoals hij volkomen onterecht verloren was. Dan de revolutie, die hem en zijn familie alles ontnomen had dat ze eeuwenlang als een geboorterecht hadden gezien: politieke macht, maatschappelijk aanzien en geld.

En toen hij meende het lot eindelijk te slim af geweest te zijn door een huwelijk met een steenrijke Amerikaanse, was amper een half jaar later de beurskrach gekomen en had de razendsnelle ontwaarding van Allenes vermogen iedere glans van het zo triomfantelijk begonnen sprookjeshuwelijk doen verbleken. Zelfs zijn artistieke loopbaan was inmiddels op een mislukking uitgelopen: een door Allene georganiseerde expositie in de prestigieuze New Yorkse Wildenstein Gallery, had kopers noch critici getrokken en zijn werk slechts het zuinige predicaat 'painfully wrought' opgeleverd.

Allene zelf kon, geblutst en bekrast door het lot als ze was, ook dit verlies wel weer nemen. Ze was eerder van schatrijk naar een stuk minder welvarend gegaan en had aan haar victoriaanse jeugd genoeg zelfdiscipline en aan haar huwelijk met Anson genoeg financiële intelligentie overgehouden om met tegenslag op dat gebied te kunnen omgaan. Zoals ze ooit eens verzuchtte in een brief: 'There is so much sadness and trouble in the world, one's heart is torn all the time, also one's purse, but this life is a school.' Dus sneed ze drastisch in haar uitgaven, hield haar boekhouding nog strikter dan anders in de gaten en bezuinigde op alles. Ze verhuurde haar appartement aan Park Avenue als ze er zelf niet was, en kocht een nieuw hoedje in plaats van een nieuwe garderobe. In haar woorden: 'I think a hat most important for a woman, you can wear an old dress if the hat new.' Maar haar aandelen verkopen deed ze niet, en zeker niet voor een grijpstuiver aan een langslopende boodschappenjongen.

Voor haar hooggeboren echtgenoot echter was de Grote

Depressie een tegenslag te veel. Henry zocht zijn toevlucht als vanouds in drank en gokken en in een slecht humeur, dat hij steeds vaker publiekelijk op zijn vrouw afreageerde. Misschien was hij ooit ter wereld gekomen met de spreekwoordelijke gouden lepel in de mond, maar niemand kon beweren dat hij voor het geluk geboren was.

9

De vijfde man

Rache, Rache, und nochmals Rache! Wraak, wraak en nog eens wraak. Dat hadden Henry en zijn broers gezworen in 1924, toen ze een monument voor de Duitse oorlogsdoden onthulden in het nabij Trebschen gelegen Ostritz. Wraak om de verloren oorlog, die, daar waren zij van overtuigd, helemaal niet verloren had hoeven worden als het land niet van binnenuit door het internationale Jodendom was gesaboteerd. Wraak om de teloorgang van het keizerrijk en hun monarchie. En vooral wraak om het Verdrag van Versailles, dat hun land had veroordeeld tot een bestaan als de kansloze pauper van Europa.

Destijds waren de Verenigde Staten de enige natie geweest die de op 28 juni 1919 in Versailles getekende vredesakkoorden had verworpen. Voor de Amerikanen waren de herstelbetalingen waartoe Duitsland als aanstichter van de oorlog was veroordeeld te draconisch, de restricties die het land werden opgelegd te vernederend. Zij leken als enigen te beseffen dat je een mens, of een natie, altijd de ruimte moet geven om een goede verliezer te zijn.

Gedurende de naoorlogse jaren waren het ook vooral Amerikaanse investeerders geweest die grootscheeps durfden te investeren in het verwoeste en getraumatiseerde Duitsland. Dankzij hen had de Duitse economie in de loop van de jaren twintig langzaam weer op weten te krabbelen. Maar toen diezelfde Amerikanen zich na de beurskrach van 1929 gedwongen zagen hun geld weer ijlings terug te halen, viel de bodem onder het nog broze economische herstel net zo snel weer weg. De Grote Depressie, die zich als een stroperige olievlek over de aardbol verspreidde, raakte de wereld hard, maar nergens zo hard als in Duitsland.

De werkloosheidscijfers schoten omhoog, de regering stond machteloos en het murw gebeukte land raakte bevangen door een verlammende malaise, waarin extremistische politieke ideeën gemakkelijk wortel schoten. Zoals die van Adolf Hitler, de geboren Oostenrijker die in 1920 samen met een stel andere oorlogsveteranen de Nationalsozialistische Deutsche Arbeiterpartei had opgericht. Hij zei alles wat de verbitterde en van hun zelfrespect beroofde Duitsers wilden horen: dat de Joden overal de schuld van waren, dat het 'Dictaat van Versailles' misdadig was en dat de politici van de Weimarrepubliek verraders waren, die hun land hadden verkwanseld.

Aanvankelijk had de Duitse adel weinig moeten hebben van de luidruchtige volksmenner uit München. Hitler wist echter met succes de indruk te wekken dat de voormalige elite onder zijn bewind haar oude status weer terug zou krijgen en, belangrijker nog, dat hij hun enige hoop was om het dreigend bolsjewistische gevaar uit het oosten te bezweren. Vooral vanaf 1930 meldden zich steeds meer Duitse aristocraten aan als lid van de NSDAP.

Allenes echtgenoot Henry Reuss zat daar toen nog niet bij
– waarschijnlijk vanwege zijn lidmaatschap van de vrijmet-
selaars, die door de nationaalsocialistische beweging niet tot
hun gelederen werden toegelaten. Maar nadat de NSDAP in
1931 de grootste partij was geworden, Adolf Hitler de functie van rijkskanselier had weten te bemachtigen en een grootscheepse nazificatie van Duitsland inzette, probeerde Allenes
echtgenoot alsnog op allerlei manieren aansluiting te vinden
bij de Nieuwe Orde in zijn vaderland.

In november 1933 bood Henry zich vanuit Berlijn aan bij
Hitlers rechterhand Heinrich Himmler als onbetaalde vrij-
williger bij de *Schutzstaffel*, de paramilitaire organisatie van de
NSDAP. 'Der Verbindungsstab der SS erscheint mir als rich-
tig,' zo schreef hij, 'ganz abgesehen von meinem Verbunden-
heitsgefühl zur SS.' Dat de Franse regering hem had verzocht
voorlopig maar in eigen land te blijven, vanwege zijn voor een
diplomaat wel heel fanatiek geventileerde fascistisch gedachtegoed, vermeldde hij niet.

*

Later zou Allene haar vrienden vertellen dat het vooral de politieke opvattingen van haar echtgenoot waren geweest die tot
een scheuring in hun huwelijk hadden geleid. Zelf was ieder
totalitair systeem, of het nu communistisch of fascistisch was,
haar vreemd – als rechtgeaard Amerikaan en overtuigd republikein kon ze zich geen ander politiek systeem dan de de-
mocratie voorstellen. Ook binnen haar huishouding zorgde
Henry voor problemen. Op een gegeven moment weigerde
het personeel, dat deels van Joodse afkomst was, zelfs nog lan-

ger de livrei met het Reuss-wapen te dragen uit protest tegen het wel heel virulente antisemitisme van hun baas.

Overigens leken Henry's toenaderingspogingen weinig indruk op de nazi's te maken. Nu Hitler de absolute macht in Duitsland eenmaal in handen had, had hij de adel niet meer nodig om hem of zijn partij salonfähig te maken, en de brief van november 1933 bleef onbeantwoord. In augustus 1934 – Hitler had nog geen vijf weken daarvoor tijdens de Nacht van de Lange Messen op bloederige wijze korte metten gemaakt met zo goed als al zijn politieke tegenstanders – probeerde Henry het nog een keer. Hij bood de hooggeachte Führer, die, veronderstelde hij, zeker vermoeid zou zijn 'von der Last und Bürde des Staates', het landgoed Trebschen aan om op adem te komen. Het *Schloss* lag, zo schreef Henry wervend, relatief dicht bij Berlijn en toch afgelegen genoeg om de privacy en rust van de leider van het Duitse rijk te garanderen. 'Hier ist es ruhig, aber das Wichtigste: es schläft sich hier herrlich!'

Ook dit gulle aanbod werd door de nazi's genegeerd. En omdat Henry nu noch in Frankrijk noch aan de Rue Barbet meer welkom was, trok hij zich die herfst van 1934 in arren moede maar weer terug op het kasteeltje van zijn zuster in Stonsdorf. Hier beschilderde hij, om de verveling te bestrijden, de muren van de eetzaal met eenzelfde soort alpenlandschap als waarmee hij eerder de salon van Château de Suisnes had gedecoreerd.

Allene ging, zoals gebruikelijk, in oktober voor een paar maanden naar New York om haar zaken te regelen en haar vrienden te zien. In tegenstelling tot de voorgaande jaren stapte ze van de boot *sans Henry*, zonder haar echtgenoot, en dat bleef niet onopgemerkt bij de immer alerte Amerikaanse persmuskieten. Vooral Maury Paul, de bekendste en om zijn scherpe tong gevreesde societyreporter van zijn tijd, schreef in zijn 'Cholly Knickerbocker'-columns openlijk en met duidelijke kennis van zaken over de huwelijkscrisis in huize Reuss:

Henry was in alle opzichten *a flat failure*, een totale mislukking geweest als echtgenoot, maar Allene hield haar neus trots omhoog en weigerde de geruchten over huwelijksproblemen te bevestigen.

Trotse neus of niet, ergens in deze sombere crisiswinter moet Allene zich gerealiseerd hebben dat haar sprookje als Amerikaanse prinses over was. Hoewel ze vasthield aan haar nieuwe geboortejaar 1876, was ze in feite al enkele jaren over de zestig en konden alle schoonheidsspecialisten, plastisch chirurgen en couturiers van de wereld niet meer verhullen dat haar jaren als algemeen erkende *beauty* definitief achter haar lagen. De illusie weer zo'n geliefde echtgenote te kunnen zijn als ze bij Anson was geweest, was er wel uit geslagen door de vele, vaak vernederende scènes die ze met Henry had gehad. Ook haar droom weer een moeder te kunnen zijn lag in diggelen. Hoewel stiefzoon Heiner zich haar goede zorgen nog wel liet aanleunen, bejegende zijn zuster Marlisa haar nog steeds met ijskoude minachting.

Tot overmaat van ramp had Allenes kortstondige uitzicht op geluk met Henry haar handenvol geld gekost. Een scheiding zou ongetwijfeld nog veel meer kosten – en dat net op een moment dat ze financieel toch al zwaar onder druk stond door de economische crisis, die maar doorziekte en inmiddels half Amerika aan de bedelstaf had gebracht. Met het appartementencomplex aan Park Avenue ging het zelfs zo slecht dat de eigenaren zich een jaar eerder gedwongen hadden gezien het nog steeds grotendeels leegstaande gebouw over te dragen aan een verzekeringsmaatschappij. Daarmee veranderden ze van eigenaren in huurders, met aandelen in een zwaar verliesgevend bedrijf.

Maar niet voor niets luidde Allenes motto: 'courage all the time' – altijd moed houden. En als er iets was waar ze zich gaandeweg een ware expert in kon noemen, dan was het wel in haar verlies nemen.

Op 26 juni 1935 maakte Allenes secretaresse Alice Brown in Parijs bekend dat het echtpaar uit elkaar zou gaan. Voor Henry was het een perfect moment voor een nieuw begin: niet alleen was hij een kleine twee maanden eindelijk als NSDAP-lid geaccepteerd, maar ook was bijna tegelijkertijd zijn oudste broer gestorven, en die had hem Trebschen en de overige nog resterende familiebezittingen nagelaten.

En wat Allene betreft: zij weigerde zoals gewoonlijk ieder commentaar. En eigenlijk was er ook geen commentaar nodig. Het was veelzeggend genoeg dat ze, de wenkbrauwen even uitdagend opgetrokken als ze dat in haar jonge jaren aan het Chautauquameer had gedaan, zich deze zomer en herfst alweer volop vertoonde met een nieuwe begeleider aan haar zijde – en wel eentje die nóg jonger en knapper was dan de vorige.

*

In zekere zin was de man die Allenes vijfde en laatste echtgenoot zou worden een soort erfenis van Henry. Of beter nog,

De officiële huwelijksfoto van Allene en Henry Reuss, 1929.

Allene (zittend, tweede van links) te midden van Henry's familie op Trebschen, ter gelegenheid van de belijdenis van Marlisa, zomer 1930. *Voorste rij* v.l.n.r.: Marlisa, Allene, Marie-Luise van Pruisen, Sophie Renata Reuss. *Middelste rij:* Friedrich Karl, Luise van Pruisen, Heiner, Marie Helene Reuss, Felizitas Reuss. *Achterste rij:* de belijdenispredikant, N.N., Henry, Heinrich XXXVII Reuss, Heino, August Wilhelm van Pruisen, Eitel-Friedrich van Pruisen, Christian zu Schaumburg-Lippe en Alexander Ferdinand van Pruisen. De vier personen geheel rechts zijn onbekend.

Van rechts naar links: Henry Reuss, Allene, Bernhard zur
Lippe-Biesterfeld, Marlisa, met achter haar de Britse societyschilder
Purcell Jones, Heiner en 'Frau Wedekind' (ws. de gouvernante)
op Trebschen, 1931.

Prins en prinses Henry Reuss, bij aankomst in New York op
het s s Mauretanië, 1929.

Boven: Heiner Reuss (1916-1993), 1929.
Onder: Château de Suisnes, Île-de-France.

Linksboven: Pavel Pavlovitch (Paul) Kotzebue (1884-1966) in zijn
jonge jaren bij het Pagekorps in Sint-Petersburg.
Rechtsboven: Na de huwelijksceremonie van Allene en Paul
Kotzebue. Van links naar rechts: Bernhard zur Lippe-Biesterfeld,
Rurik Kotzebue, Allene, prins Lobanof Rostovsky, Nicholaï
Kotzebue en zijn broer Alexander Kotzebue.
Onder: De ruïnes van het Hostetter House in 1937.

Links: Het appartementengebouw aan 740 Park Avenue, New York.
Rechts: Allene in een Parijse nachtclub, begin jaren dertig.

Allene in juli 1938 met Paul Kotzebue voor de ingang van het
George v-hotel in Parijs.

Prinses Juliana na haar metamorfose met Bernhard op de
Rue Royale in Parijs, 5 april 1937.

De doop van prinses Beatrix in de Grote Kerk in
Amsterdam, 12 mei 1938. *Links van het midden:* Bernhard en
Juliana met Beatrix in haar handen. *Midden:* Wilhelmina
en rechts van haar Allene.

Van links naar rechts: onbekende, Allenes vriendin prinses
Cito Filomarino di Bitetto (geboren Emily Taylor),
Heiner, Allene en Alice Brown in Suisnes, 1936.

Bernhard wegrijdend van de binnenplaats aan de Rue Barbet-de-Jouy,
omringd door journalisten, 1938.

Allene, circa 1950.

The Waves, Rough Point, Newport: Allenes laatste huis in Amerika.

Boven: Allene (rechts) met Kitty en Wally Cohu,
vermoedelijk begin jaren vijftig.
Onder: Allenes handtekening op haar testament, 27 maart 1952.

CAP-D'AIL - (A.-M.) - Les Villas - Bord de Mer

45

Ansichtkaart van Cap-d'Ail, met uiterst rechts vooraan villa Castel Mare.
Aan de rechterkant daarvan, met het hoekraam en
de gesloten luiken: de Blauwe Kamer.

van Trebschen, waar Allene verder weinig verheffende tijden had meegemaakt. Ze had er echter wel vriendschap gesloten met een buurvrouw van Henry, die bijna net zo'n paria was binnen de Duitse *Hochadel* als zijzelf. Deze Armgard zur Lippe-Biesterfeld bewoonde een nogal vervallen voormalig jachthuis aan de Reckenwalder See, op een paar kilometer van Trebschen. Ze was een fanatiek paardenliefhebster en een verwoed rookster, en had de naam overal maling aan te hebben. Zo liet ze zich, inmiddels weduwe geworden, steevast in het openbaar begeleiden door haar vijf jaar jongere paardentrainer, een Russische balling met de naam Alexis Pantchoulidzew.

'Tschuli', zoals de paardenman van Reckenwalde werd genoemd, kwam uit een aanzienlijk Russisch geslacht en was opgeleid aan het Pagekorps in Sint-Petersburg, de meest elitaire militaire academie van tsaristisch Rusland. Na de revolutie in 1917 en de daaropvolgende burgeroorlog was hij als zovelen gedwongen geweest zijn land te ontvluchten en in 1922 bij de Zur Lippes terechtgekomen. De voormalige studenten van het Pagekorps stonden erom bekend in ballingschap hechte contacten met elkaar te blijven onderhouden en de kans is dan ook groot dat hij degene was die Allene in contact bracht met Pavel Pavlovitch Kotzebue – Paul, op z'n Frans.

Net als Tschuli had Paul bij het Pagekorps gezeten en daarna als cavalerist en lijfwacht in de tsaristische hofhouding gediend, beiden hadden in de burgeroorlog aan de kant van de contrarevolutionairen gevochten en allebei hadden ze na de communistische machtsovername grotendeels berooid hun heil in Europa moeten zoeken. Maar aan Paul kleefde nog een bijzonder verhaal, want hij had in maart 1917, meteen na de revolutie, nog korte tijd als bewaker gefunctioneerd van niemand minder dan Nicolaas II, de op dat moment net onttroonde tsaar. Allene had toen in 1917 in principe al over haar aanstaande echtgenoot kunnen lezen, want hij had er destijds een uitgebreid interview over gegeven aan *The New York Times.*

*

De reden dat de revolutionaire regering begin maart 1917 de bewaking van de belangrijkste gevangene van het land toevertrouwde aan de toen drieëndertigjarige Paul Kotzebue, had waarschijnlijk te maken met een jeugdzonde. Ooit, toen hij nog deel uitmaakte van de lijfwacht van tsarina Alexandra Fjodorovna, zou de jonge Paul namelijk verkleed als vrouw op een gemaskerd nieuwjaarsbal zijn verschenen en alle hoofden van de mannelijke aanwezigen op hol hebben gebracht. Toen later bekend werd wie de elegante 'gaste' was geweest die even voor middernacht in een wachtende slede was gesprongen en spoorloos was verdwenen, was hij op staande voet uit de hofhouding ontslagen.

Na een aantal jaren persoonlijk assistent te zijn geweest van de in 1911 door een politieke tegenstander vermoorde premier Pjotr Stolypin, was Paul in 1912 weer door Nicolaas II in genade aangenomen. Hij was als kapitein aangesteld in de favoriete verblijfplaats van het tsarengezin, het Alexanderpaleis vlak bij Sint-Petersburg. Hier maakte hij de hoogtijdagen mee van Raspoetin, een uit Siberië afkomstige monnik wiens hulp was ingeroepen voor de zwakke gezondheid van troonopvolger Aleksej. Het gonsde in Rusland in die dagen van de geruchten over de seksuele uitspattingen van de wonderdokter – Raspoetin huldigde de opvatting dat men om spijt te hebben van zijn zonden eerst vooral veel gezondigd diende te hebben – en de ongezonde macht die hij uitoefende aan het hof, vooral over de tsarina.

Ondertussen verliep de in 1914 uitgebroken wereldoorlog dramatisch voor het tsarenrijk, dat door de eerdere oorlog met Japan toch al was uitgeput. De ondervoede en nauwelijks bewapende Russische soldaten maakten geen schijn van kans tegen de geoliede Duitse vechtmachine, en de onvrede tegen het tsaristisch bewind en de haat tegen Raspoetin groeide met de dag. In de nacht van 28 op 29 december 1916 probeerde een groepje aristocraten het tij te keren door de monnik te vermoorden. Tot diep verdriet van de tsaar en zijn gezin: Alexandra liet hem heilig verklaren en Nicolaas II droeg het gebalsemde lichaam van de monnik eigenhandig naar diens laatste rustplaats in een kapel aan de rand van het paleispark.

Raspoetins dood kwam echter te laat om het vertrouwen van de Russische bevolking in haar leiders te herstellen en enkele weken later braken in Sint-Petersburg voedselrellen uit, die al snel oversloegen naar de rest van het land. Op 2 maart 1917 zag Nicolaas II zich gedwongen zijn troon op te geven. Samen met zijn gezin en een aantal getrouwen mocht hij de loop van de gebeurtenissen afwachten in zijn woonpaleis, bewaakt door Paul, die, zo meende de voorlopige regering, ooit uit het garderegiment van de tsarina ontslagen was en dus wel op de hand van de revolutionairen zou zijn.

Later zouden verschillende leden van de hofhouding van Nicolaas II getuigen dat dit bepaald niet het geval was:

De nieuwe minister van Oorlog, Goetsjkov, benoemde kapitein van de cavalerie Kotzebue tot commandant van het paleis, in de hoop dat die zich zou gedragen als een echte cipier, zoals hij had beloofd. Maar Kotzebue, tot zijn eer, accepteerde de post alleen maar om de gevangenen waar mogelijk te kunnen helpen en hun ontberingen zo draaglijk mogelijk te maken. Hij liet hen ongecensureerde brieven krijgen en schrijven, gaf telefonische boodschappen voor hen door en kocht in het geheim allerlei dingen die ze nodig hadden.

Ook de verslaggever van *The New York Times* die er later die maand in slaagde om tot het praktisch geheel van de buitenwereld afgesloten paleis door te dringen, viel het op hoe respectvol de hoofdcipier zich jegens zijn gevangene gedroeg. Terwijl andere bewakers er een sport van maakten om de gevallen monarch zo minachtend mogelijk aan te spreken – met 'burger Nikolaj Romanov' of 'Kleine Nikolaj' –, betitelde Paul hem als de 'Former Emperor' en sprak hij met evidente genegenheid over hem en diens gezin.

De Former Emperor verkeerde, vertelde Paul hem, ondanks incidentele huilbuien in goede gezondheid en relatieve *good spirit*. Hij wandelde dagelijks in de tuin met de hofdames van zijn vrouw en maakte zich nuttig met sneeuwruimen – 'which he enjoys greatly'. Ook toonde hij een 'boyish interest', een jongensachtige interesse in wat er over hem werd geschreven, met name in de buitenlandse pers. Troonopvolger Aleksej was in redelijke gezondheid, maar had vreselijk moeten huilen toen hij hoorde dat zijn vader zijn troon had opgegeven. En de tsarina was ziek, al was dat volgens haar meelevende cipier vooral omdat haar hart gebroken was, 'her real illness is from the heart'.

De Amerikaanse verslaggever was duidelijk onder de indruk van de knappe Rus en omschreef Paul als het summum van beschaving en hoffelijkheid: 'youthful and urbane, an officer of the guard type, speaking perfect French and English'. Ze konden het zo goed met elkaar vinden dat ze gezamenlijk ook het geïmproviseerde graf van Raspoetin – 'the unintending parent of the revolution' in de woorden van de journalist, de onbedoelde vader van de revolutie – bezochten. De kapel bleek bezoedeld en bevuild, de rotswand ernaast volgekrast met beledigende inscripties zoals 'Here lays Rasputin, the foulest of men, the shame of the Romanoff dynasty'.

Getuige een later verschenen familiekroniek van de Kotzebues was dit overigens niet Pauls eerste bezoek aan de laatste rustplaats van de monnik. Een ooggetuige zou vertellen dat de revolutionaire regering hem eerder die maand de nogal onsmakelijke opdracht had gegeven om met een liniaal te checken wat er waar was van de geruchten over de legendarische grootte van het geslachtsdeel van Raspoetin:

Hoewel het lichaam gebalsemd was, was de stank ervan zo sterk dat graaf Kotzebue, een elegante officier (hij werd pas later graaf) aan wie deze afschuwelijke taak was opgedragen, me vertelde dat hij dacht dat hij flauw zou vallen.

Het interview met Paul dat Allene had kunnen lezen verscheen op 27 maart 1917 in *The New York Times* onder de kop 'Ex-Czar, Guarded, Has Fits of Crying'. Het artikel eindigde met de mededeling dat de beveiliging van het paleis in de tussenliggende tijd verzwaard was in verband met geruchten over vluchtpogingen van de tsaar. Inderdaad werd later binnen de Kotzebue-familie verteld hoe Paul nog had geprobeerd om Nicolaas II, die vermomd was als paleiswacht, in veiligheid te brengen.

Op het laatste moment – het bootje dat hem naar een klaarliggend stoomschip in de Finse Golf zou brengen lag al te wachten op de rivier de Neva – besloot de voormalige tsaar, die misschien een slecht heerser was maar een overtuigd familieman, niet zonder zijn gezin te willen vertrekken. Die beslissing zou hem zijn leven kosten. De revolutionaire regering vertrouwde Paul niet meer en onthief hem eind maart van zijn taak. In augustus 1917 werden de Romanovs op transport gezet naar Siberië, en van daaruit een klein jaar later overgebracht naar Jekaterinenburg, waar ze in juli 1918 werden vermoord.

*

Op het moment dat het tsarengezin werd afgeslacht, was Rusland in de greep van een burgeroorlog, die in 1920 door het Rode Leger onder leiding van de communist Vladimir Lenin werd gewonnen. Onder de honderdduizenden monarchisten die hun vaderland ontvluchtten waren Paul, zijn moeder, zijn oudere zus Marie, zijn oudere broer Alexander en diens vrouw, die van huis uit een gravin Tolstoj was.

Zoals de meeste ballingen vestigden de Kotzebues zich eerst in Berlijn, in de stellige verwachting dat de internationale gemeenschap de vestiging van een socialistische staat nooit zou tolereren en ze ieder moment zouden kunnen terugkeren naar hun vaderland. Die hoop vervloog toen in 1922 de communistische Sovjet-Unie werd gesticht en door de ene na de andere natie werd erkend. Paul en zijn zuster – hun moeder was ondertussen overleden – waren toen met de grote vluchte-lingenstroom meegetrokken naar Frankrijk, dat onder Russi-sche kunstenaars en aristocraten vanouds gold als hun tweede vaderland. Hun broer kwam terecht in Zwitserland, waar hij met de restanten van het familiefortuin een bankbedrijf wist op te zetten.

Gedurende de jaren twintig en het eerste deel van de jaren dertig lijkt Paul met zijn zuster een onopvallend leven te heb-ben geleid in een bescheiden appartement aan de Avenue du Président-Wilson in Parijs. Trouwen deden ze geen van bei-den, ook speelden ze nauwelijks een rol in de Russische ballin-gengemeenschap. Voor zover valt na te gaan had Paul eigenlijk alleen nog contact met zijn oud-schoolgenoten van het Pa-gekorps. Toen broer en zus in november 1934 naar New York kwamen, gaven ze aan de immigratiedienst op respectievelijk vijftig en tweeënvijftig jaar oud te zijn, geen beroep te hebben en evenmin een nationaliteit.

Een adellijke status had Paul inmiddels wel – in 1933 had een neef van zijn vader, graaf Dimitri Kotzebue-Pilar von Pil-chau, zijn titel met toestemming van het hoofd van de kei-zerlijke familie in ballingschap aan hem overgedragen. Kort daarop ontmoette hij de Amerikaanse prinses, wier sprookjes-huwelijk met de Duitse prins Reuss op zo'n publiekelijke de-ceptie was uitgelopen. Zij had duidelijk een nieuwe levensge-zel nodig; hij, op zijn beurt, kon wel een echtgenote gebruiken die hem volgens zijn nieuwe status kon laten leven en de fami-lie Kotzebue het aanzien zou teruggeven dat ze ooit in Rus-land hadden gehad.

*

Op 31 oktober 1935 kreeg Allene haar tweede *Paris divorce*. Nog geen half jaar later, op 4 maart 1936, hertrouwde ze met Paul Kotzebue tijdens een besloten ceremonie in de Russische kerk in Genève, in aanwezigheid van onder anderen Pauls broer Alexander en zijn zonen. Zowel in de Amerikaanse als in de internationale pers werd het nieuws van Allenes vijfde huwelijk met de nodige spot ontvangen. 'There is something of a perennial Cinderella about the Countess Kotzebue', er zit iets van een eeuwige Assepoester in gravin Kotzebue, schreef Maury Paul voor zijn doen tamelijk vriendelijk – maar hij had dan ook een zwak voor zijn ondernemende landgenote.

Een toonaangevende columniste van *The Washington Post* wijdde een denigrerend commentaar aan het opmerkelijke huwelijk – dat ze vast nóg opmerkelijker had gevonden als ze had geweten dat er aan de door haar genoemde drie, nóg twee huwelijken voorafgegaan waren:

> Het beste voorbeeld van een compleet idiote (*'stark madness'*) naamsverandering is waarschijnlijk het geval van gravin Kotzebue, die daarvoor prinses Henry XXXIII van Reuss was en daarvoor Mrs. Anson Wood Burchard. En dáárvoor, zo kun je wel aannemen, was ze een kind vol streken die haar gouvernante het leven moeilijk maakte en de kat plaagde...

Ook in Duitse en Nederlandse kranten verscheen een meesmuilend artikel, getiteld 'De prinses met het huwelijksrecord'. Hierin werd Allene behalve als de – ooit – 'meest betoverende debutante van New York' neergezet als een nogal berekenende fortuin- en titeljaagster, die maar tegen beter in bleef zoeken naar eeuwig geluk:

Het is echter nooit te laat. In het laatste jaar van haar vierde huwelijk heeft Allene, die intussen de zestig heeft bereikt, in Parijs graaf Kotzebue leren kennen, een Baltisch-Russische emigrant, nakomeling van de bekende blijspelspeler en neef van de laatste tsaristische gezant in Washington. En die heeft ze de met ringen getooide hand gereikt voor – hoe zegt men dat ook alweer? – een band voor het leven.

Maar de wereld kon spotten en meesmuilen wat ze wilde – deze keer wist Allene wat ze deed. Deze keer werden er geen foto's van een gladgestreken en geretoucheerde bruid naar de media gestuurd om buitenstaanders ervan te overtuigen dat New Yorks treurigste weduwe het geluk eindelijk weergevonden had. Deze keer ook hoefde Allene geen wanhopig charmeoffensief in te zetten bij haar nieuwe schoonfamilie. Bij de Kotzebues werd ze zonder reserves geaccepteerd om wie ze was: een oudere dame met een groot fortuin en een groot hart, die ze beide graag met anderen deelde.

Ongetwijfeld speelde Allenes weliswaar danig ingekrompen, maar in vergelijking met dat van de Kotzebues nog steeds aanzienlijke vermogen ook bij dit huwelijk een rol. Niet voor niets werd daags na de bruiloft de helft van het eigendomsrecht van het huis aan de Rue Barbet op Pauls naam gezet. Maar in tegenstelling tot zijn voorganger zag de Rus in zijn financiële afhankelijkheid geen reden om zijn vrouw vervolgens te gaan minachten. 'Paul was kindness itself, a gift so rare among men', karakteriseerde een achterneef hem ooit – Paul was de vriendelijkheid zelve, een eigenschap die onder mannen zeldzaam is.

En inderdaad: zoals de zachtzinnige Rus ooit zijn beste

zorgen had gewijd aan de gevallen en aan hem overgeleverde tsaar, zo deed hij dat nu voor zijn twaalf jaar oudere echtgenote, wier leven net zo getekend en bepaald was door de geschiedenis van het Westen als dat van hem door die van het Oosten. Paul en Allene waren ieder, op eigen wijze, schipbreukelingen van het lot. Beiden waren ze aangespoeld in Parijs, beiden hadden ze te veel meegemaakt om nog grote illusies en dromen over te hebben en beiden waren ze vastbesloten om het beste te maken van wat er nog over was.

*

Bijna op hetzelfde moment dat Allene in een kerkje in Genève voor de vijfde keer in haar leven eeuwige trouw beloofde, ging, heel symbolisch, aan de andere kant van de wereld de laatste tastbare herinnering aan haar eerste huwelijk in vlammen op.

Het Hostetter House aan Raccoon Creek, dat ze ooit met Tod samen had laten bouwen en dat later door hun dochter was teruggekocht omdat ze er zulke fijne jeugdherinneringen aan had, was na Greta's dood weer in het bezit van Allene gekomen. Sindsdien had het daar al die jaren gestaan als een soort victoriaans spookhuis in de donkere bossen ten westen van Pittsburgh – de luiken gesloten, de schoorsteen koud, het park eromheen vol krassende kraaien.

Een door Allene betaald opzichterspaar dat in het stenen huis erachter woonde, zorgde ervoor dat er niet ingebroken werd en dat 'de blokhut' precies zo bleef als Greta die voor de laatste keer had achtergelaten. De enige functie die het bouwwerk nog had, was die van baken voor de schepen die manoeuvreerden op de Ohiorivier.

De opzichter had echter buiten zijn eigen, geadopteerde dochter gerekend. Na een ruzie met haar ouders verstopte ze zich in een van de slaapkamers van het grote huis en stichtte er brand. In een mum van tijd veranderde het Hostetter House in een gigantische toorts, die tot ver in de omtrek te zien was. De enige onderdelen die de vuurzee overleefden waren de stenen schoorsteen en het souterrain, waar Tod zijn wijnkelders en de bedienden hun appartementen hadden gehad.

Wegens instortingsgevaar werd de schoorsteen datzelfde jaar nog afgebroken. De fundamenten in het sombere bos raakten zo snel overwoekerd dat er van het huis alleen nog maar een lichte verhoging in het landschap resteerde. De ondergrondse gangen en kamers zouden worden volgestort met stenen en puin, nodig om het enorme gewicht te dragen van een elektriciteitscentrale die erbovenop gebouwd werd. Maar dat was alweer een paar jaar later, toen de wraakzucht van mannen als Henry Reuss de wereld in een nieuwe oorlog had gestort, die in sommige opzichten nog gruwelijker was dan zijn voorganger.

10

De peetmoeder

Bernhard heette hij, voluit prins Bernhard zur Lippe-Biesterfeld, maar voor zijn vele vrienden kortweg 'Biesterfeld' en voor
zijn adorerende moeder Armgard 'Bernilo'. Dat was ook de
naam die Allene voor hem gebruikte, eigenlijk al sinds ze hem
voor het eerst ontmoet had in de zomer van 1929, toen de hemel boven haar vierde huwelijk nog relatief wolkeloos had geleken. Foto's uit die tijd tonen een piepjonge Bernhard in plus-
four en met het ronde brilletje dat later zijn handelsmerk zou
worden, zij aan zij met zijn buurmeisje Marlisa en het kersverse echtpaar Reuss, de witte krulhondjes van Allene vrolijk
spelend om hen heen.

Sinds die zorgeloze zomer was er veel gebeurd. De internationale economie was ingestort en had zowel het huwelijk van
Allene en Henry als alles wat er nog resteerde van de Duitse
welvaart met zich meegesleurd. Bernhards vader was vrij on-
verwacht overleden en zijn moeder was zo goed als berooid
achtergebleven. Het ouderlijk huis stond op instorten, de
grond was verkocht en voor de studie rechten, die voor Bernhard zo'n mooi excuus was geweest om in München ongebrei-

deld feest te vieren, was geen geld meer. Zijn beginnende carrière bij de luchtvaartafdeling van de nationaalsocialisten had hij in de kiem gesmoord door meteen al een vliegtuigje total loss te vliegen; voor andere paramilitaire groeperingen was hij vanwege een zwakke fysieke constitutie ongeschikt.

Een baan zoeken was dus de enige optie. In september 1935 was Bernhard begonnen als onbetaalde stagiair bij de Parijse vestiging van een Duits chemieconcern. Hij kreeg onderdak bij Allene, met wie het contact in de tussenliggende jaren goed gebleven was en die zich nu eenmaal graag liet omringen door jonge, vrolijke mensen, die ze een beetje op weg kon helpen in het leven.

Al na enkele weken op de burelen van IG Farben was Bernhard tot de conclusie gekomen niet in de wieg gelegd te zijn om zijn dagen achter een bureau te slijten of zich van onderaf op te werken in het zakenleven. Het luxeleventje bij zijn gastvrije suikertante in haar prachtige huis aan de Rue Barbet beviel hem opperbest – 'Hij mocht in al haar auto's rijden', verklaarde zijn moeder later trots. Hij verlegde zijn ambities – en eigenlijk heel traditioneel. Want was het trouwen met een rijke vrouw niet van oudsher de manier geweest waarop verarmde adel het fortuin weer naar zich toe had getrokken?

*

Later zou de Amerikaanse pers, nooit te beroerd om een sappig verhaal nog wat aan te dikken, Allenes rol in de redding van de Nederlandse monarchie breed uitmeten. Dat die monarchie überhaupt gered diende te worden, stond buiten kijf. Halverwege de jaren dertig was zowel in diplomaten- als in journalistenkringen algemeen bekend dat het koningin Wilhelmina de grootste moeite kostte om haar dochter Juliana aan de man te krijgen. En aangezien die laatste als enige voor een troonopvolger kon zorgen, zou dat een onherroepelijk einde van het Nederlandse koningshuis betekenen.

Algeheel werd het probleem geweten aan een gebrek aan uiterlijke charmes van de kroonprinses. Maar op de achtergrond speelde ook, en misschien nog wel meer, Wilhelmina's nogal afschrikwekkende reputatie in aristocratische kring. De oude koningin stond te boek als provinciaals, humorloos en buitengewoon zuinig, en huwbare Europese prinsen vertelden elkaar huiverend hoe de sjoelbak aan het Haagse hof gold als het summum van frivoliteit.

Na jaren vergeefs zoeken waren de Nederlandse diplomaten de wanhoop nabij. Zoveel geschikte prinsen van protestantsen huize waren er ook weer niet, en nu Duitsland, van oudsher de grootleverancier van adellijke echtgenoten, onder het Hitlerregime economisch weer opbloeide, stonden potentiële verloofdes al helemaal niet meer te springen om hun toekomst te zoeken in het nog altijd door de crisis bevangen buurlandje. Juliana was inmiddels de vijfentwintig gepasseerd en was er na jarenlang vruchteloos door Europa gesleept te zijn niet aantrekkelijker en zeker ook niet zelfverzekerder op geworden.

En toen kwam Bernhard zur Lippe-Biesterfeld – in de kleurrijke bewoordingen van een Amerikaanse krant 'another obscure hall-room boy until lightning struck him, with the assist of an American heiress' – oftewel: nog een obscure hotelbediende tot hij met de hulp van een Amerikaanse erfgename door de bliksem werd getroffen:

De voormalige Allene Tew van New York en Pittsburgh besloot Bernhard te steunen toen hij ging voor de jackpot ... In de tijd dat de Amerikaanse prinses Bernhard in de race bracht, probeerde hij rond te komen als autoverkoper in een Parijse vestiging van IG Farben... En natuurlijk deed ze mee als het meesterbrein achter de affaire. Want Bernhard was alles wat de Nederlandse prinses niet was: vrolijk, charmant, wereldwijs, aantrekkelijk – en slank!

Een autoverkoper of een hotelbediende was Bernhard misschien niet, maar obscuur was hij zeker – in ieder geval in de ogen van het speurend Nederlands diplomatenkorps, dat niet eens wist van zijn bestaan, laat staan dat ze hem ooit beschouwd hadden als mogelijk huwelijksmateriaal. Dat laatste had te maken met het feit dat het huwelijk van zijn ouders nooit formeel erkend was, omdat zijn vader weliswaar van hoogadellijke afkomst was, maar zijn moeder nog niet eens een eigen titel had gehad en nog gescheiden was ook. De adellijke kwalificaties van Armgard en haar twee zonen waren in feite niet meer dan voor de gelegenheid door een oom gefabriceerde troosttitels.

Van zijn familie van vaderskant – waarin al enige neven als potentiële kandidaat waren gepolst – wist Bernhard echter hoe desperaat de situatie rond het Nederlandse koningshuis geworden was. En hij besloot, al dan niet aangemoedigd door Allene, alsnog een kans te wagen. Want misschien was Juliana niet zo heel mooi, maar ze was wel de dochter van wat naar verluidt de rijkste vrouw van Europa was. Een huwelijk met haar zou in één keer een einde maken aan al zijn zorgen en vooral ook aan die van zijn moeder, op wie hij dol was.

*

Bernhards eerste gedocumenteerde poging om kennis te maken met de Nederlandse kroonprinses dateert uit november 1935. Op voorspraak van een adjudant van Wilhelm 11 kon hij aanschuiven bij een lunch ten huize van John Loudon, de Nederlandse gezant in Parijs. Maar toen de jeugdige stagiair bij zijn gastheer informeerde hoe hij in contact kon komen met Juliana en haar moeder, gaf die niet thuis. Misschien waren de Nederlanders wanhopig, maar ook weer niet zo wanhopig dat ze hun prinses wilden koppelen aan een geheel uit het niets opduikende jongeman zonder aantoonbare verdienste of zelfs maar een academische graad.

Enkele maanden later kreeg Bernhard een tweede kans. Een tante van vaderskant tipte hem dat de Nederlandse koningin en haar dochter in februari 1936 de opening van de Winterspelen in Garmisch-Partenkirchen zouden bijwonen. Hij vroeg verlof op zijn werk, leende een auto en wat geld van Allene en begaf zich gewapend met zijn ski's naar Zuid-Duitsland. Onderweg kon hij de verleiding echter niet weerstaan om nog even een tussenstop te maken in München, waar hij als student zo'n vrolijke tijd had gehad. In een mum van tijd had hij het van Allene geleende geld erdoorheen gejaagd en aan het eind van de avond moesten zijn barvrienden een collecte houden om hem in staat te stellen zijn reis voort te zetten.

En zo kwam Bernhard laat, maar niet te laat aan in het besneeuwde Garmisch. Tijdens een skitochtje lukte het hem contact te leggen met Juliana, en haar moeder en de dames zodanig te charmeren dat er na afloop van de vakantie een correspondentie op gang kwam. Op 8 maart 1936 schreef Bernhard vanuit zijn zolderkamer aan de Rue Barbet de eerste, zes kantjes tellende brief aan Juliana. Hierin vertelde hij onder andere over de huwelijksinzegening van zijn 'tante' Allene en Paul Kotzebue, die hij net had bijgewoond in Genève. Hij was, zo schreef hij, onderweg nog bijna verongelukt op de mistige alpenwegen.

*

Terwijl hun huisgenoot vanuit de Rue Barbet op geheel eigen wijze aan zijn carrière werkte, brachten Allene en Paul hun huwelijksreis door in hun lievelingsstad Rome. Ze huurden een appartement in het eeuwenoude Palazzo Fani, dat eigendom was van een bevriend echtpaar – de Amerikaans-Joodse bankier Cécil Blunt en zijn hoogadellijke Italiaanse echtgenote Anna Pecci, die internationale faam genoten als kunstverzamelaars en mecenassen van moderne kunstenaars als Salvador Dalí en Jean Cocteau. Dit Romeinse pied-à-terre, dat ze ook de navolgende jaren zouden aanhouden, lag aan de Piazza d'Aracoeli, een klein plein tussen het Capitool en de Piazza Venezia.

Na enkele weken in de Italiaanse voorjaarszon voeren de Kotzebues naar New York. Ze werden vergezeld door Heiner Reuss, Allenes stiefzoon uit haar vorige huwelijk. Henry's zoon was alweer negentien en uitgegroeid tot een tengere, grappige jongen die het graag iedereen naar de zin maakte. Tot verdriet van zijn vader voldeed hij echter in geen enkel opzicht aan het stoere nationaalsocialistische mannelijkheidsideaal dat in Duitsland nu als standaard gold, en dus trok hij na de scheiding steeds meer naar 'Mama', zoals hij zijn stief-moeder noemde.

Aan het begin van de zomer keerde het drietal terug naar Parijs, waar huisgast Bernhard in de tussentijd flink was op-geschoten met zijn queeste om zich via het Nederlandse ko-ningshuis een plek in de wereld te veroveren. Na welgeteld drie bezoeken van enkele dagen – waarbij hij inderdaad kennis had mogen maken met de beruchte sjoelbak – deed hij Juliana op 10 juli 1936 een huwelijksaanzoek.

De kroonprinses was inmiddels tot over haar oren verliefd geworden op de charmante, wereldwijze jongeman die zo on-verwacht in haar leven verschenen was. Ook Wilhelmina had, zoals ze schreef aan een diplomaat, een 'zeer goede indruk' van hem gekregen. Het feit dat geen van beiden op dat moment ook nog maar een van de familieleden of vrienden van de po-tentiële echtgenoot had ontmoet, viel geheel in het niet naast de opluchting dat er nu eindelijk een serieuze kandidaat voor Juliana's hand was. 'Beggars can't be choosers' – bedelaars kun-nen niet kieskeurig zijn, zoals de Nederlandse gezant in Ber-lijn de kwestie bondig samenvatte.

De rest van de zomer werden er achter de schermen koorts-achtig plannen gemaakt om Bernhard in Nederland te in-troduceren en een huwelijksovereenkomst tot stand te bren-gen. Want dat had de verloofde in spe al wel laten weten: hij wenste tijdens het huwelijk financieel niet van zijn echtgeno-te afhankelijk te zijn. Op 5 augustus werd er een grondwets-herziening door het Nederlandse parlement geloodst waarin vastgesteld werd dat een toekomstige prins-gemaal een jaar-inkomen zou krijgen van maar liefst 200 000 gulden. Aange-zien dat bedrag moeilijk ten laste kon komen van de door de crisis toch al zwaar aangeslagen Nederlandse schatkist, werd dat geld door Juliana op haar eigen inkomen als troonopvolgster ingeleverd.

Enkele dagen eerder had Allene de Nederlandse koningin en haar ministers uitgenodigd op Château de Suisnes voor de onderhandelingen over een huwelijksovereenkomst. De invitatie werd afgeslagen – Allenes buitenhuis zou, zo meende Wilhelmina, te dicht bij de bewoonde wereld liggen. In plaats daarvan ontmoetten de partijen elkaar op 13 augustus in een afgelegen hotel in Bad-Weissenburg in het Zwitserse Berner Oberland. Allene, Paul en Bernhard, die met hun drieën per auto waren gekomen, werden opgewacht door een zichtbaar nerveuze en snipverkouden Juliana, haar zuinige moeder en de ministers die – gezien de voorgeschiedenis – ongetwijfeld vooral hoopten dat het allemaal vlot geregeld zou worden en ze hun vakantie konden hervatten.

Later zou Paul Kotzebue aan een biograaf van Bernhard vertellen hoe zenuwslopend de sfeer geweest was gedurende de drie lange dagen waarin Allene de huid van haar protegé zo duur mogelijk probeerde te verkopen aan Wilhelmina en de ministers. 'Juliana, Bernhard en ik zaten in de lobby van het hotel te wachten tot mijn vrouw zou terugkomen,' zei hij. 'We slaagden er niet in een fatsoenlijk gesprek te voeren.' Pas in de avond van de vijftiende augustus kringelde er witte rook uit de onderhandelingskamer: er was een akkoord.

De dag daarop boden de Kotzebues de Nederlandse delegatie een afscheidslunch aan in Luzern. In het kader van de algemene feestvreugde verwaardigde Wilhelmina, normaal gesproken een fervent geheelonthoudster, zich om één heel klein slokje wijn te drinken. Ook onthield ze zich, met zichtbare moeite, van commentaar toen haar dochter in navolging van de rest van het vrolijk rokende gezelschap opeens ook, zij het nog een beetje onhandig, een sigaret opstak.

*

Op 8 september 1936 werd de verloving van de Nederlandse kroonprinses bekendgemaakt. Dat was aanzienlijk eerder dan de bedoeling was geweest, maar Bernhard en zijn moeder hadden kennelijk geen risico willen lopen dat de verbintenis alsnog afgeblazen zou worden, en hadden het nieuws laten uitlekken via een bevriende journalist. Heel Nederland vierde feest, terwijl Juliana en haar moeder voor het eerst kennismaakten met Armgard, Bernhards moeder, die voor de gelegenheid naar Den Haag was gekomen en haar rol van aanstaande koninklijke schoonmoeder daar met verve vervulde.

Allene hield zich tijdens de feestelijkheden op de achtergrond. Binnen de Bernhardcultus die nu op gang kwam, was ze slechts een tante bij wie hij om carrièretechnische redenen toevallig net logeerde op het moment dat hij zo spontaan zijn hart aan Juliana had verloren. Dat er van een familieband geen sprake was, bleef onopgemerkt. Zoals niemand er belang bij had om, nu er eindelijk een aanstaande echtgenoot gevonden was, diens *credentials* stuk te checken, zo deden ze dat ook niet met die van de vrouw bij wie hij woonde.

En zo ging Allene de Nederlandse geschiedenis in als Bernhards ietwat mysterieuze Amerikaanse tante, van wie weinig meer bekend was dan dat ze een aantal welgestelde echtgenoten had versleten en als gevolg daarvan steenrijk was. De aanwezigheid van zo'n groot fortuin in zijn nabije 'familie' verschafte Bernhard bovendien een aura van rijkdom dat zijn ouderlijk huis node miste en dat hij maar al te goed kon gebruiken. Zijn leven lang zou hij blijven ontkennen dat hij getrouwd was om zoiets ordinairs als geld. Ook over het artikel dat een half jaar eerder in diverse Nederlandse kranten was verschenen onder de titel 'De prinses met het huwelijksrecord' repte niemand meer.

De bruiloft vond plaats op 7 januari 1937 in Den Haag. Eregaste Allene had zich die dag getooid met een diadeem, dat kennelijk nogal klemde en dat ze tot horreur van het verder hoogadellijk gezelschap tijdens het diner dus maar gewoon afdeed en naast zich op tafel legde. Als huwelijksgeschenk gaven de Kotzebues een antieke, in goud gevatte Russische icoon, waarop Onze-Lieve-Vrouw van Altijddurende Bijstand was afgebeeld, een zeer toepasselijk beeld, gezien Allenes rol bij de totstandkoming van de verbintenis.

En bijstand bleef Allene geven, ook tijdens de daaropvolgende huwelijksreis van het stel. Het werd Juliana namelijk al snel duidelijk dat haar jonge echtgenoot niet van zins was zich na zijn huwelijk het gezelschap van vrijgezelle vrienden of mooie vrouwen te ontzeggen. Zelf was de kroonprinses door haar moeder in flanellen ondergoed haar huwelijksnacht in gestuurd; ook verder had ze geen idee hoe als vrouw zo goed mogelijk voor de dag te komen. Amerikaanse vrouwen daarentegen stonden er juist om bekend dat ze waar het hun uiterlijke verschijning betrof niets aan het toeval of Moeder Natuur overlieten, en Allene vormde daar geen uitzondering op.

Toen het koninklijke koppel eind maart een week aan de Piazza d'Aracoeli logeerde, nam Allene, altijd weekhartig waar het de *underdog* betrof, de taak op zich de Nederlandse wat meer zelfvertrouwen te geven. Ze liet haar schoonheids-specialiste met de boot van New York naar Europa overkomen en maakte afspraken met Worth en Molyneux, de twee mode-huizen in Parijs waar ze zelf vaste klant was. Begin april werd hier de tijdens haar huwelijksreis ettelijke kilo's afgevallen Ju-liana een eigentijdsere en vooral flatteuzere garderobe aange-meten. De inderhaast ingevaren Amerikaanse schoonheids-specialiste voltooide de metamorfose van, zoals ze tegenover een krant verklaarde, 'a plump, placid, pleasant lass into an al-most dashing young woman of the world'.

Later zou Wilhelmina, zuinig en wars van uiterlijk vertoon als altijd, de door haar dochter bij de Parijse modehuizen be-stelde kleding bijna allemaal weer laten terugsturen. Onder-tussen werd Juliana's even opmerkelijke als kortstondige Pa-rijse transformatie door Bernhards biografen, en niet minder door hemzelf, vooral op zijn conto bijgeschreven:

Zoals alle goede huwelijksreizen eindigde ook deze in Parijs, waar Bernhard prompt tante Allene opbelde. 'Wat is op het ogenblik het beste modehuis, Lanvin?' vroeg hij. 'Nee, Lanvin is passé,' riep gravin Kotzebue uit. 'Nu moet je bij Worth en Mo-lyneux zijn.' 'Prachtig,' zei de prins. 'Zou je daar morgen met ons heen willen gaan? Dan zullen we Juliana eens een paar din-gen bezorgen die er niet uitzien alsof ze door de plaatselijke naaister zijn gemaakt, hè?'

Maar effect hadden Allenes inspanningen toch – en wel heel concreet in de vorm van een troonopvolgster die eind januari 1938, precies negen maanden na de Parijse *shopping spree*, ter wereld kwam en de Nederlandse monarchie voor uitsterven behoedde. Het dankbare ouderpaar stond erop dat de Amerikaanse weldoenster een van de vijf peetouders van de kleine prinses Beatrix zou worden. En zo zat Allene, het meisje uit de stalhouderij, tijdens de doop op 12 mei 1938 op de voorste rij, te midden van de hoogste adel van Europa.

Hierbij zat ze zich, getuige de filmopnames van de urenlange en voor haar in onverstaanbaar koeterwaals gehouden plechtigheid, overigens stierlijk te vervelen. Pas toen ze na afloop samen met het prinselijk paar het dolenthousiaste publiek voor Paleis Noordeinde mocht toewuiven, verscheen er weer wat plezier op haar gezicht.

*

Voor het nog steeds in diepe crisis verkerende Nederland was de geboorte van prinses Beatrix, 'de geluk aanbrengende', nog een welkom sprankje vrolijkheid in donkere tijden, maar in Amerika, waar negen jaar eerder alle ellende begonnen was, gloorde in 1938 alweer volop hoop en licht aan de horizon. Dat dankte het land vooral aan Franklin Roosevelt, de democratische president die tijdens zijn inauguratie in 1932 verklaard had de malaise te bestrijden als ware het een invasie van een buitenlandse vijand: 'I pledge you, I pledge myself, to a new deal for the American people.'

Het economische herstelprogramma dat Roosevelt een jaar later invoerde onder de naam New Deal was gebaseerd op de denkbeelden van de Britse econoom John Keynes. Het behelsde een groot aantal werkgelegenheidsprojecten, een sociaal vangnet voor de allerarmsten, pensioenen voor weduwen en werklozen, en hogere belastingen voor de hogere inkomens. Ook werd het toezicht op het bankwezen verscherpt en de drooglegging afgeschaft. Al in 1936 begon duidelijk te worden dat het met dit programma inderdaad lukte de vastgelopen economie nieuw leven in te blazen. In november van dat jaar werd Roosevelt herkozen, met de grootste meerderheid ooit.

Praktisch tegelijkertijd keerde ook het tij voor het grandioze appartementencomplex aan Park Avenue. Het vierentwintig kamers tellende penthouse werd gekocht door John D. Rockefeller junior, telg uit de rijkste familie van Amerika. In zijn kielzog volgden zoveel kopers dat de aandelen die de bestaande bewoners hadden gekregen in ruil voor hun eigendomsrecht, vanzelf winstgevend werden. Ook de koersen op Wall Street stegen weer en het vermogen van Allene, die het grootste deel van haar aandelen had weten vast te houden, klom automatisch mee. In 1938 kwam de markt definitief op stoom en werd Allene door een krant alweer gedefinieerd als 'one of the wealthiest of American women'.

In november van dat jaar verruilde Allene haar oude, relatief kleine flat in de donkere C-vleugel voor een achttien kamers tellend appartement in de D-vleugel, de aantrekkelijkste kant van het complex. Hier had ze een eigen balzaal en een riant uitzicht over zowel Park Avenue als 75th Street, met licht van het zuidwesten. Toch waren de ruimte en het fraaie avondlicht waarschijnlijk niet de enige reden voor de appartementenwissel. Want op dit moment al was het niet denkbeeldig dat zij en Paul hun New Yorkse adres binnen afzienbare tijd weer als hoofdwoning in gebruik zouden moeten nemen en hun geliefde Parijs voor onbepaalde tijd vaarwel zouden moeten zeggen.

*

Al in 1936 had Adolf Hitler met de annexatie van Oostenrijk en Tsjecho-Slowakije laten zien niet van plan te zijn zich neer te leggen bij de ondergeschikte rol die de geallieerden in Versailles aan Duitsland hadden toebedacht. Nadat een wanhopige Joodse vluchteling op 7 november 1938 een medewerker van de Duitse ambassade in Parijs had neergeschoten, toonde de Duitse dictator de wereld dat het hem ook ernst was met de strijd tegen de Joden. Tijdens de *Reichskristallnacht* werden duizenden Joodse winkels vernield, synagogen in brand gestoken en Joodse medeburgers mishandeld, vernederd en vermoord.

Veel Joodse vrienden van de Kotzebues, onder wie de Pecci-Blunts, besloten het onvermijdelijke niet af te wachten en reisden af naar New York. Ook Paul en Allene hielden serieus rekening met een terugkeer, die, zoals Paul in april 1939 vanuit Rome aan een bevriende kunsthandelaar schreef, sneller zou kunnen plaatsvinden dan verwacht: 'It may be sooner than one expects. At any rate we don't feel this is the moment to buy anything.'

In een laatste poging om de agressie van hun uit de as herrezen erfvijand in te dammen, stelden Frankrijk en Engeland zich garant voor de onafhankelijkheid van Polen, de staat die na de Eerste Wereldoorlog was heropgericht om Duitsland aan de oostgrens in bedwang te houden. Maar op 23 augustus 1939 sloot Hitler een pact met Jozef Stalin, de Russische dictator die sinds 1922 aan de macht was en er met harde hand in geslaagd was de Sovjet-Unie uit te bouwen tot een economische wereldmacht.

Acht dagen later, in de vroege ochtend van 1 september, marcheerden Duitse troepen Polen binnen. Enkele uren later verklaarden Frankrijk en Engeland de oorlog aan Duitsland. Van de feestelijke gretigheid waarmee Europa in 1914 ten strijde was getrokken, was deze keer geen sprake – daarvoor lagen de verschrikkingen van de vorige wereldbrand nog te vers in het geheugen. De winter van 1939-1940 werd die van de *Phoney War*, een door de Amerikaanse kranten bedachte term voor die merkwaardige, met angst beladen tijd waarin het formeel al oorlog in Europa was, maar er nog niet echt gevochten werd.

Allene en Paul konden hun vertrek uit Europa dus in relatieve rust voorbereiden. Het huis aan de Rue Barbet-de-Jouy werd toevertrouwd aan de zorgen van Allenes achternichtje Lucy, dat het een jaar eerder dankzij de bemiddeling van de Kotzebues tot tweede prinses in de familie Tew had weten te schoppen. Ze was getrouwd met een zoon van prins Dadiani, net als Paul een voormalig lid van de tsaristische hofhouding. Kennelijk meenden Lucy en haar man dat het met de oorlog niet zo'n vaart zou lopen – of dat het de Duitsers, net als in de eerdere wereldoorlog, toch nooit zou lukken om tot Parijs door te stoten – want ze besloten de loop van de gebeurtenissen in de Franse hoofdstad af te wachten.

In november 1939 vertrokken Paul en Allene naar Rome om het appartement aan de Piazza d'Aracoeli te ontruimen. Begin december voeren ze met het ss Rex vanuit Genua – weg van de Oude Wereld met haar eindeloze twisten en vetes, terug naar het veilige, overzichtelijke Amerika en het nieuwe, zonovergoten appartement in New York. Enkele maanden later barstte de oorlog in Europa alsnog in volle hevigheid los.

De Duitse inval in Nederland volgde op 10 mei 1940, waarna in razend tempo het halve continent onder de voet gelopen werd.

De Duitse opmars ging zo snel dat het de Nederlandse koninklijke familie niet meer lukte om haar heil in Château de Suisnes te zoeken, zoals met Allene was afgesproken. In plaats daarvan vluchtten de Oranjes halsoverkop per torpedobootjager naar Engeland. Op 14 juni bezetten de Duitsers Parijs. Engeland wist vooralsnog stand te houden, maar het land was slecht voorbereid op de oorlog en de Kotzebues hadden er geen enkel zicht op of en wanneer ze hun Franse leven ooit weer op zou kunnen pakken.

*

De Tweede Wereldoorlog was een merkwaardige windstille periode in het verder vaak zo stormachtige leven van Allene – al was het maar omdat de oorlog haar dwong om, voor het eerst in vier decennia, onafgebroken in haar eigen land te blijven.

Paul, voor wie deze nieuwe ballingschap al de derde in zijn leven was, paste zich zo goed mogelijk aan het leven in New York aan – ver van zijn vertrouwde Parijs en zijn familie, die daar grotendeels was achtergebleven. Hij bezwoer zijn heimwee met het voorzitterschap van de Amerikaanse Russian Nobility Association, met het kopen van kunst en antiek, en met andere liefhebberijen, zoals ballet en opera. De boomlange Rus werd een bekende verschijning in het River Café in Central Park, dat op loopafstand van '740 Park' lag. Vaak luncht te hij daar met Allene, steevast vergezeld door hun hondjes, twee Maltezer leeuwtjes. Een tijdlang hadden ze ook een aapje, maar dat verdween spoorloos nadat het beestje door andere gasten dronken gevoerd was met champagne en zijn eigenaresse in haar hand gebeten had.

Allene bezwoer haar onrust en haar eeuwige dadendrang zoals gewoonlijk, namelijk met het kopen van een huis. En wat voor huis. Of beter nog, welk. In oktober 1940 tekende ze in Newport het contract voor de koop van Beechwood, het imposante landhuis in Newport dat ooit het heiligdom was geweest van Mrs. Astor, die in Allenes jonge jaren gegolden had als de bijna-koningin van Amerika. Na haar dood was het huis in handen gekomen van de zoon die in 1911 zo'n schandaal had verwekt door met een bijna dertig jaar jongere klasgenote van Greta te trouwen en die een jaar later bij de ramp met de Titanic was omgekomen.

Sindsdien was er veel veranderd in en om Newport. Verdwenen waren de elegante jachten van de *Great White Fleet* – in plaats daarvan krioelde het in de baai nu van de kleine witte zeiltjes. Als zoveel luxeactiviteiten was ook zeilen gedemocratiseerd in het arbeidersparadijs waarin Amerika zich had getransformeerd. De exorbitante mansions die de gelddronken erfdochters van de Gilded Age hadden laten optrekken, waren grotendeels verlaten en vaak ook alweer afgebroken. De nekslag voor de huizenmarkt was gegeven door een zware orkaan die in september 1938 over Rhode Island en omgeving had geraasd en honderden levens had geëist.

Allene kocht het huis en het omringende park, in totaal negen hectare groot, van een kleinzoon van Mrs. Astor voor het bedrag van 49 500 dollar. Voor die spotprijs kon ze nu naar believen rondwalsen in de met spiegels beklede balzaal, waar de hogepriesteres van de New Yorkse society ooit haar befaamde Summer Balls had gehouden en waar ze als de jonge Mrs. Hostetter destijds geen voet aan de grond had kunnen krijgen.

Maar belangrijker nog was het feit dat Beechwood als een van de oudste landhuizen van Newport ook een van de beste locaties had, met zowel vanuit het huis als vanuit het park een weids uitzicht over de oceaan. Nu de troost van haar trans-Atlantische bootreizen haar ontnomen was, kon Allene vanuit haar eigen zitkamer genieten van de strakke lijn aan de horizon, die haar altijd rust en vertrouwen had gegeven, en van het geluid van de golven om bij in te slapen. Op haar achtenzestigste had ze haar eerste zeehuis gekocht – en ze zou nooit meer anders willen.

*

Net als tijdens de vorige wereldoorlog probeerden de Verenigde Staten zich aanvankelijk buiten het in Europa ontbrande conflict te houden. En net als toen werd het land er uiteindelijk toch in betrokken. Op 7 december 1941 voerde Duitslands bondgenoot Japan een verrassingsaanval uit op de American Pacific Fleet, die bij Pearl Harbor in Hawaï voor anker lag. President Roosevelt, net voor de derde maal herkozen, had geen andere keuze meer dan de oorlogsverklaringen uit te doen gaan. Nadat het de Japanners was gelukt om binnen enkele maanden zo goed als heel Zuidoost-Azie te veroveren, lukte het het restant van de Amerikaanse marine pas in juni 1942, tijdens de Slag bij Midway, om de vijandelijke opmars tot staan te brengen.

Diezelfde maand organiseerde Allene in Beechwood een

feest zoals Newport dat in jaren niet had gezien, inclusief een modeshow, een hondenshow, ponyraces en een kinderkermis, om geld in te zamelen voor de plaatselijke afdeling van het Rode Kruis. Ook in het als vanouds van patriottisme zinderende New York werkte ze vanachter de verduisteringsgordijnen van haar appartement aan '740 Park' mee aan tal van *charity events*.

Achter de schermen hadden de Kotzebues veelvuldig contact met Juliana, die met haar inmiddels uit drie kinderen bestaande gezin in Canada woonde, terwijl Bernhard met koningin Wilhelmina in Londen was achtergebleven. Zo sponsorden ze de actie *Blankets for Holland*, die in april 1944 in de balzaal van het Ritz-Carlton in New York werd gehouden. Ook was het Allene die er via haar uitgebreide contactennetwerk voor zorgde dat Bernhards in Duitsland achtergebleven moeder en broer voorzien werden van geld en ongecensureerde post.

Gedurende de winter van 1942-1943 keerden de oorlogskansen. Nadat Hitler de Sovjet-Unie onverhoeds had aangevallen, liep de Duitse opmars vast in de hardnekkige Russische tegenstand bij Stalingrad. Ook in Noord-Afrika verloren de Duitsers en in juni 1944 zetten de geallieerden vanuit Engeland een grootscheepse invasie op Europa in. Op 25 augustus van dat jaar werd Parijs na vier jaar bezetting bevrijd. Maar voor Allene en Paul was het nog te vroeg om hun koffers weer te laten pakken. Net als bij de vorige oorlog toonden de Duitsers zich taaie verliezers en het duurde nog tot het voorjaar van 1945 voordat Hitler zelfmoord zou plegen en Duitsland zich eindelijk overgaf.

Voor Bernhard, die vlak na de invasie door Wilhelmina's

toedoen was bevorderd tot bevelhebber van de Nederlandse strijdkrachten, oftewel de verzetsgroepen in het bezette vaderland, was dat oponthoud een zegen. De promotie van de jonge, op militair gebied eigenlijk totaal onervaren prins-gemaal was oogluikend toegelaten door het geallieerde opperbevel, omdat op dat moment de oorlog toch iedere dag afgelopen leek te zijn. Doordat de oorlog langer duurde dan verwacht, kon Allenes beschermeling zijn nieuwe functie doen uitgroeien tot een grotere machtsbasis dan waar hij als prins-gemaal ooit van had kunnen dromen, en *en passant* een levenslange faam als oorlogsheld verwerven.

Overigens was er nog een andere bevelhebber in deze oorlog met wie Allene een geschiedenis had. En dat was Robert Greim, de piloot die in oktober 1918 het vliegtuigje van haar zoon Teddy had neergehaald. Greim had zich ontpopt tot een van Hitlers trouwste aanhangers en had, nadat Hermann Göring in april 1945 bij de dictator in ongenade was gevallen, diens plaats als opperbevelhebber van de *Luftwaffe* overgenomen. Al een paar dagen na zijn benoeming viel hij in geallieerde handen. Uit angst om aan de Russen uitgeleverd te worden maakte hij eind mei 1945 met een gifpil een einde aan zijn leven.

II

Oceans of love

Blauw – dat was de kleur van Allenes ouderdom, zoals groen die van haar jeugd was geweest. Het diepblauw van de zee, in deze periode steeds meer het leidmotief in haar leven. Het bleekblauw van de stoffen waarmee ze haar huizen decoreerde. En het praktische blauw van de velletjes luchtpostpapier die ze, het ene na het andere, volschreef in haar nog altijd zwierige handschrift of voltikte op de kleine Hermes-reistypemachine, die ze overal met zich mee naartoe sleepte.

Georganiseerd als ze was, had ze voor ieder huis, van de Rue Barbet-de-Jouy tot aan Park Avenue en Beechwood, eigen briefpapier laten maken. Daarnaast gebruikte ze sinds de scheiding van Henry ook vaak papier met slechts een gestileerde 'A' met een kroontje erboven. Formeel was ze haar vorstelijke status dan wel weer kwijtgeraakt, maar voor zichzelf bleef ze gewoon een prinses – een Amerikaanse prinses.

Tijdens de naoorlogse jaren gingen Allenes brieven vooral naar die andere erfenis van haar huwelijk met Henry – haar stiefzoon, die ze in de loop van de jaren steeds meer als die van haarzelf was gaan beschouwen. In 1918 had Allene haar zoon Teddy niet kunnen redden uit de grijpgrage klauwen van de wereldgeschiedenis, maar in 1945 kreeg ze met Heiner een tweede kans. En die benutte ze ondanks haar leeftijd – ze werd dat jaar drieënzeventig – ten volle.

Bij het uitbreken van de Tweede Wereldoorlog had Heiner nog gewoon bij zijn vader op Trebschen gewoond, maar toen die in de loop van 1941 ook dit laatste restant van het Reuss-erfgoed wegens geldgebrek had moeten verkopen, was hij verhuisd naar zijn zuster in Berlijn. Marlisa was toen net getrouwd met een Berlijnse zakenman van niet-adellijke komaf en had een babydochter. Het jaar daarop was hun vader overleden. Marlisa's echtgenoot verdween ook weer van het toneel en broer en zus hadden de rest van de oorlog samen met het kindje langs allerlei allengs steeds minder prestigieuze adressen gezworven, voortgejaagd door de geallieerde bombardementen die de Duitse hoofdstad systematisch in puin legden.

Heiners krijgsinspanningen waren beperkt gebleven tot wat vertaalwerk voor de Wehrmacht. Afgezien van het feit dat hij zowel psychisch als fysiek duidelijk ongeschikt was voor actieve krijgsdienst, had hij voor één keer profijt van zijn titel, want vanaf 1940 mochten leden van de onttroonde vorstenhuizen niet meer aan het front worden ingezet. Drie jaar later werden ze helemaal uit de Wehrmacht verbannen.

Ook na de val van Berlijn in het voorjaar van 1945 slaagde Heiner erin onder de radar te blijven. Zoals bijna alle volwassen mannen die nog in de Duitse hoofdstad waren overgebleven, werd hij even geïnterneerd, maar zijn ondervragers kwamen er snel achter dat er in deze tengere, vrouwelijke jongeman geen rabiate nazi of oorlogsmisdadiger schuilging en lieten hem weer gaan.

Heiner mocht echter niet uit het door de geallieerden bezette Berlijn vertrekken – dat recht was voorbehouden aan hen die konden bewijzen slachtoffer van de naziterreur te zijn geweest. Hem en zijn zus bleef niets anders over dan zich zien te redden in de verwoeste en uitgehongerde stad, zonder geld, zonder beroep of nuttige contacten en met als enige levenslijn hun voormalige stiefmoeder, die in het verre Amerika haar eigen kledingbonnen uitspaarde om Heiner van schoenen en kleren te kunnen voorzien en alles in het werk stelde om hem Duitsland uit te krijgen. Over Marlisa repte ze niet; die had haar voor de oorlog zo beledigd en gekwetst dat Allene haar handen voorgoed van haar afgetrokken had.

Voor Heiner nam Allene een dure Zwitserse advocatenfirma in de arm en zette al haar regeringscontacten in om 'haar zoon', zoals ze hem aanduidde, naar Amerika te krijgen. Iedere twee of drie dagen schreef ze hem een brief, die steevast overstroomde van de moederlijke zorg en liefde: 'I miss you all the time and find myself constantly turning to speak of you.' Eindigen deed ze haar brieven meestal met 'Best love to you ever' of, haar favoriet – want ze bleef natuurlijk een in de ogen van de terughoudende Europeanen ietwat geëxalteerde Amerikaanse –, 'Oceans of love, Mama'.

*

In eerste instantie leek Allenes queeste tamelijk hopeloos. Heiner was een Duits staatburger en er waren weinig humanitaire redenen te verzinnen waarom juist hij aanspraak zou kunnen maken op een voorkeursbehandeling. Het was, in haar woorden 'a struggle with a heavy black cloud, could not get hold of anything' – een worsteling met een zware zwarte wolk waar ze geen greep op kreeg. Maar ondertussen verslechterden de verhoudingen tussen de voormalige geallieerden in hoog tempo. De kans dat de Russen zouden proberen om Berlijn, dat midden in het aan hen toegewezen deel van het verslagen Duitsland lag, helemaal in handen te krijgen, groeide met de dag. Daarmee werd Heiners prinsentitel een reëel risico voor hem. De Russen stonden bekend om hun wrede behandeling van alles wat naar aristocratie zweemde, en zeker twee van Heiners familieleden die de pech hadden gehad in de Russische bezettingszone terecht te komen, overleefden hun verblijf in een van de beruchte Sovjetgevangenkampen niet.

Allene wist zoals gewoonlijk van geen opgeven en in de zomer van 1947 lukte het haar om uitreispapieren voor Heiner te regelen, dit op grond van een van a tot z verzonnen verhaal over de verschrikkingen die hij zowel in Duitse als in Russische gevangenschap zou hebben doorstaan. Ze bracht hem onder bij een vriendin in het Zwitserse Lausanne en instrueerde hem vanuit New York als een volleerd diplomate over de actie die hij diende te ondernemen om van daar naar Amerika te komen:

Wees uiterst beleefd, maar gebruik alle argumenten die je hebt. Zeg dat ze je moeder in Washington hebben gezegd dat als je eenmaal uit Duitsland zou zijn, ze iets voor je zouden kunnen doen. Vertel ze dat ik een grote belastingbetaler ben en dat ik je financiële situatie hier kan garanderen. Gebruik precies deze woorden... VERTEL ze dat je als antinazi in een Duitse gevangenis hebt gezeten en dat je afschuwelijk hebt geleden onder de

Sovjets. *Wees geduldig, wees beleefd, maar sta erop om geholpen te worden.* Bouw een zo sterk mogelijke zaak voor jezelf.

Terwijl Allene die winter vanuit New York hemel en aarde bewoog om Heiners visum in orde te krijgen en daar ondanks het zware winterweer verschillende keren voor naar Washington reisde, leek Heiner echter weinig haast te maken om naar Amerika te gaan. Hij genoot van zijn vrijheid en van de, zeker in vergelijking met de armoede waarin hij in Berlijn had geleefd, uitermate comfortabele logeeradressen van Allenes Zwitserse vrienden. Zelfs nadat zijn stiefmoeder het visum voor hem had weten te organiseren, bleef hij de overtocht uitstellen. 'Het is echt niet nodig om te wachten op het grootste en meest luxueuze lijnschip,' voegde ze hem voor haar doen tamelijk kattig toe. 'Je bent wel een beetje verwend!'

Maar alle inspanningen en irritaties waren vergeten toen Allene haar verloren zoon na bijna negen jaar scheiding in maart 1948 op een New Yorkse kade weer in haar armen kon sluiten. Ze installeerde hem in Beechwood, van waaruit hij, aldus een artikel in de plaatselijke krant, hoopte een baan te vinden en een zelfstandig leven op te bouwen. Zelf voer ze na verloop van tijd terug naar Europa, naar Paul en hun Franse leven, dat ze, hoewel hun huizen daar tijdens de oorlog beschadigd en deels leeggeroofd waren, al vlot weer hadden opgepakt.

Overigens bleek de door Allene geregisseerde 'ontsnapping' uit Berlijn inderdaad maar net op tijd te zijn geweest. Enkele maanden na Heiners vertrek blokkeerden de Russen alle toegangen tot het door de Britten, Fransen en Amerikanen bezette westelijke deel van de Duitse hoofdstad. Daarmee gaven ze het startsein voor de Koude Oorlog, die de wereld voor decennia zou verdelen in een communistisch machtsblok aan de ene, en een kapitalistisch machtsblok aan de andere kant. Even leek een nieuwe wereldoorlog elk moment te kunnen uitbreken en weer verlieten Amerikaanse expats massaal Parijs om een veilig heenkomen te zoeken in hun vaderland. Deze keer waren Paul en Allene echter niet onder de vertrekkers. In juli 1948 schreef Allene in haar kenmerkende staccatostijl aan Heiner dat ze niet het gevoel had dat de Russen op oorlog uit waren: 'Do not feel the Russians want war, they will get all possible too without.' Maar ook: 'How lucky you got out when you did' – wat een geluk dat je net op tijd weggekomen bent.

*

Vaak hoor je over mensen met een gelukkige jeugd, zelden over iemand met een gelukkige ouderdom. En toch had Allene die, vooral in de jaren na haar vijfenzeventigste – die officieus haar eenenzeventigste was, want van de vier jaren die ze bijna twintig jaar eerder van haar leeftijd had afgehaald, zou ze nooit meer afstand doen. Zoals ze vaker onbewust in de voetstappen was getreden van haar landgenote Edith Wharton, deed ze dat nu weer in haar houding ten aanzien van haar laatste levensfase, die, volgens de schrijfster, beslist haar eigen charmes had:

Hoe dieper ik terechtkom in deze beruchte vallei, hoe interessanter en vol schoonheid ik hem vind. Hij heeft een heel eigen, rustige glans en in dat licht ontdek ik allerlei prachtige details die in het harde middaglicht niet te zien waren. Zolang ik zo geniet van boeken en bloemen en reizen en mijn vrienden en lekker eten als ik nu doe, wil ik niet dat iemand medelijden met me heeft!

Een fervent lezer was Allene niet, maar van bloemen hield ze zeker. Haar tuinen in Suisnes prijkten in Frankrijks vooraanstaande tuintijdschriften en in Newport sleepte ze in 1949 bij de jaarlijkse bloementoonstelling met haar fuchsia's de eerste prijs in de wacht. En als, zoals in Frankrijk gebruikelijk, op 1 mei overal lelietjes-van-dalen werden verkocht, was ze oprecht verdrietig over de onnadenkende manier waarop de bossen van hun wilde bloemen werden beroofd. 'It made me so sad, thousands torn up by the roots, the forests will be denuded soon, so thoughtless and cruel.'

Van haar huizen genoot Allene volop, vooral van Suisnes. 'Elke dag waardeer ik mijn heerlijke huis hier meer en ik ben dankbaar voor de jaren dat ik ervan heb kunnen genieten.' Op iedere voorgenomen bootreis verheugde ze zich – 'I will enjoy the rest on the boat' – en ook over eten schreef ze met graagte, zoals over 'the spaghetti I like so much'. Wat betreft haar gezondheid had ze, op wat reumatische klachten na, weinig te klagen en ze was in de woorden van een bewonderaar in Newport nog altijd 'a very vibrant woman', een heel levendige vrouw.

Eigenlijk bestond Allenes enige concessie aan haar leeftijd uit het feit dat ze zichzelf meer en meer ontsloeg van de zelf opgelegde plicht tegen iedere prijs slank te blijven:

Die nieuwe man, Dior, is echt geweldig, maar vooral voor heel jonge, heel slanke mensen. Ik ben te dik voor de nieuwe modellen, maar ik laat ze zo goed mogelijk vermaken, zodat ze me toch passen.

De Amerikaanse economie, zoals gewoonlijk aangeblazen door de oorlog, beleefde haar zoveelste bloeiperiode en Allene had genoeg geld om zich daar nooit meer zorgen over te hoeven maken. Ze had genoeg huizen om zich nooit ergens te hoeven vervelen en genoeg auto's om te kunnen gaan en te staan waar ze wilde. Alleen al haar Franse wagenpark bestond uit een Lincoln Continental, een Chrysler, een Buick en een Rolls-Royce Silver Wraith, die ze uit Newport had geïmporteerd. En dan had ze de troost en de gezelligheid van haar honden. In deze jaren was ze vooral onafscheidelijk van 'Mademoiselle Zaza', een Maltezer leeuwtje waaraan ze kinderlijk plezier beleefde. Zo reisde het beestje iedere herfst steevast naar New York met een nieuwe *trousseau*, een eigen, in Parijs aangeschafte uitzet, bestaande uit onder andere een truitje en een tuigje met haar naam erop.

Maar het meest genoot Allene van het gezelschap van mensen – heel veel mensen. Later zou de familiechroniqueur van de Kotzebues het huwelijk van Paul en Allene typeren als een uiterst sociaal gebeuren: 'a very social life, entertaining and being lavishly entertained'. Het gastenboek van Château de Suisnes, dat Allene in mei 1932 nog samen met Henry in gebruik genomen had – de eerste officiële gast was de beruchte nazi prins Stephan zu Schaumburg-Lippe geweest – was na de oorlog weer uit de kast gehaald. In de jaren sindsdien vulde het in zwaar Marokkaans leer gebonden en met gouden kroontjes bedrukte boekwerk zich pagina na pagina met de handtekeningen van de machtigen, de rijken, de frivolen en de amusanten der aarde.

Onder de vele grote namen die zich laafden aan de gastvrijheid van de Kotzebues bevonden zich bekende journalisten en schrijvers, zoals Walter Lippmann en Somerset Maugham, en toonaangevende Amerikaanse politici zoals ambassadeur Jefferson Caffery, diens opvolger David Bruce, Warren Austin, vertegenwoordiger bij de Verenigde Naties en minister van Buitenlandse Zaken John Foster Dulles. George Marshall, de geestelijk vader van het gelijknamige economische herstelprogramma waarmee de Amerikanen in deze jaren probeerden Europa voor een verder afglijden in de richting van het communisme te behoeden, schoof geregeld aan in Suisnes, en ook de door Allene zeer bewonderde Britse premier Winston Churchill maakte deel uit van haar veelkleurige kennissenkring. 'Saw him at the station when I went for Olive, he looked happy and gay', zoals ze eens schreef.

Met de voormalige opperbevelhebber en latere president Dwight Eisenhower dronk Allene thee in Versailles en daarnaast wemelde het in haar balboekje van allerlei al dan niet onttroonde royalty – zoals de voormalige koning van Italië, de Noorse kroonprinses, prins Paul van Joegoslavië, prinses Kira van Pruisen en prinses Ghislaine, de weduwe van de prins van Monaco. Overigens bleken er achter de weidse titels in het gastenboek niet zelden, net als bij Allene zelf, 'gewone' Amerikaansen schuil te gaan. Zo had de prinses Cito Filomarino di Bitetto tot haar huwelijk met een Italiaanse prins nog gewoon Emily Taylor geheten en was de hoogbejaarde maar onverwoestbare barones Bateman of Shobdon ooit in New York ter wereld gekomen als Marion Graham.

Een geval apart was dat van Allenes vriendin Valerie hertogin von Arenberg. Zij was als burgermeisje opgegroeid bij Joodse pleegouders in Hongarije en door de hertog von Schleswig-Holstein pas op zijn sterfbed als dochter erkend – en daarmee als achterkleinkind van koningin Victoria. Eigenlijk leek Allene maar één echte eis te stellen aan haar gezelschap en dat was dat het onderhoudend was. In dat opzicht beging de voormalige Britse koning Edward, die in 1938 zijn troon had opgegeven om de Amerikaanse *divorcée* Wallis Simpson te kunnen trouwen, in haar ogen een doodzonde:

Was gisteravond in de Amerikaanse ambassade voor een dinertje, 22 aan een tafel voor de hertog en hertogin van Windsor. Zij zo petieterig, maar een prachtig figuur en witzijden jurk, strak. Geen juwelen behalve een saffieren ring, witgouden oorbellen en een kleine zwarte cape bestaand uit kleine zwartkanten ruches. Ik zat naast hem, en ik vond hem ontzettend saai.

Wanneer een diner naar Allenes smaak niet onderhoudend genoeg was, dan zorgde ze, zoals haar vriend George Post Wheeler later memoreerde, desnoods zelf wel voor wat vrolijkheid:

Mijn jarenlange vriendin Allene Burchard, later prinses Henry Reuss XXXIII en nu gravin Kotzebue, was bij een lunch in het Nederlandse gezantschap in Parijs en zat naast de Zweedse koning Gustaaf. Hij had een met topaas bezette sigarettendoos bij zich en legde die naast hem op tafel. Toevallig had Allene er een die wat betreft maat en versiering bijna identiek was, en toen hij even de andere kant op keek, legde ze die naast die van hem. Toen hij zich omdraaide en de twee zag schrok hij hevig, legde zijn hand op zijn voorhoofd en riep angstig: 'Maar dit is niet mogelijk! Ik heb het te pakken, ik zie dubbel!'

*

Met de Nederlandse koninklijke familie bleven de banden hecht. Bernhard viel met grote regelmaat onaangekondigd binnen op Suisnes of in het huis in Parijs, meestal vergezeld van vrienden, soms ook door zijn moeder en haar Russische metgezel. 'He seems to think I am a hotel,' constateerde zijn gastvrouw ooit droogjes. Op zijn beurt maakte Bernhard het zijn suikertante zoveel mogelijk naar haar zin. Zo haalde hij haar in 1948 eigenhandig met een van zijn vliegtuigen op uit Suisnes voor de viering van zijn zevenendertigste verjaardag op Soestdijk. Aan Heiner schreef ze:

> Ik reisde in Bernilo's vliegtuig en zat voorin, in de stoel van de copiloot. Het was *most interesting*, het uitzicht is zo fantastisch. [Op Soestdijk] genoot ik van de kinderen en ben ik drie dagen gebleven. Juliana is heel druk nu ze regentes geworden is.

Kennelijk koesterde Heiner een meer dan gemiddelde belangstelling voor het wel en wee van de familie op wier troon die van hem had kunnen zitten – als het lot Wilhelmina in 1908 niet op het laatste nippertje zwanger had laten worden, zodat het koningschap aan de neus van zijn vader voorbij was gegaan. Velletje na velletje van Allenes fraaie briefpapier vulde zich met de belevenissen van het Oranjegezin:

Heb je in de kranten gezien dat de oudste dochters van Juliana gearresteerd zijn? Ze kwamen uit school met een stel klasgenootjes en pakten, toen ze langs een groentezaak liepen, wat fruit. Ik weet dat zo'n jong stel kinderen denkt dat zoiets een grappige streek is, maar de politie kwam en heeft ALLE kinderen gearresteerd. Ze belden naar het paleis om te zeggen dat Trix en Irene daar met de rest zaten. Juliana vroeg naar de straf en de politieman zei: 'Twee uur cel.' Juliana zei: 'Prima, geef mijn dochters een uur extra, want zij zouden een voorbeeld voor de rest moeten zijn.' Ik vind het geweldig dat ze dat zo meteen zei, zo slim en wijs – en ook voor de communisten om dit te horen: wat een les!

Zelfs tussen Allene en de oude, inmiddels grotendeels uit de openbaarheid teruggetreden koningin was het ijs na alle jaren gebroken. 'No one could work harder for this country than Queen Wilhelmina', schreef Allene. Daarnaast was ze bijzonder gesteld op Bernhards jongere broer Aschwin, voor wie ze onder andere een werkvergunning en een baan als oriëntalist in het New Yorkse Metropolitan Museum of Art regelde. Als dank voor al haar inspanningen zou Wilhelmina haar later verheffen tot Eredame in de Huisorde van Oranje – 'which I thought most kind of her', aldus de eredame in kwestie.

Vanzelfsprekend was Allene ook als eregaste aanwezig bij Juliana's inhuldiging als koningin op 6 september 1948 in Amsterdam. Uitgebreid en met veel eigen commentaar deed ze Heiner verslag van alle feestelijkheden. Bernhard, zo schreef ze met bijna moederlijke trots, was 'a perfect show' in zijn admiraalsuniform, terwijl Juliana haar goedkeuring oogstte door voor de gelegenheid flink te zijn afgevallen:

Ze is zo DUN nu en ziet er echt mooi uit, en zulke juwelen...
Haar haar was goed gekapt, en de menigte werd helemaal wild
van opwinding. Alles is echt zo mooi en perfect gedaan... Het is
als een sprookje van lang geleden en ik ben blij met het mooie
weer. De hele stad is prachtig, alle grachten zijn verlicht, schijnwerpers op de huizen en vlaggen overal... Iedereen is geweldig
aardig voor me en ik kreeg dezelfde rang en hoffelijkheid en
aandacht als de aanwezige koninklijke hoogheden, en die waren
ook heel charmant.

Als er iets duidelijk wordt uit de bewaard gebleven brieven
van Allene, dan is het wel dat ze als oude vrouw in essentie
nog altijd het opgewekte meisje uit Jamestown was, onbevan-
gen en vol interesse kijkend naar de wereld en de mensen om
haar heen. En dat ze tegelijkertijd ook plezier had van de simpele dingen, zoals een vakantie met Paul en Alice Brown, haar
secretaresse annex gezelschapsdame en vriendin, in een 'piep-
klein, schattig huisje in de bossen' in New Hampshire. 'I do
the cooking, Miss Brown the garden and Paul the wood.' Of
van een avond thuis, met slechts Alice als gezelschap. 'Als we
alleen zijn, dineren we in de kleine ronde salon, het is zo gezellig en vredig. Ik vind het zo heerlijk als zij leest en ik schrijf.'
En misschien was dat wel Allenes grootste prestatie – meer
nog dan haar rijkdom, haar titels, haar vele huizen en haar im-
ponerende gastenboek. Dat ze, wat ze allemaal ook had meegemaakt en had doorstaan, zich nooit het vermogen had laten
afpakken om van het leven te genieten en er dankbaar voor te
zijn.

*

Allene was en bleef de Koningin van de Losse Eindjes. Iedere keer als er een gat in het weefsel van haar leven was gevallen, had ze de restanten weer aan elkaar geknoopt en was ze doorgegaan. Het verleden kwam daar nauwelijks aan te pas – misschien leefden andere oude mensen met het klimmen der jaren steeds meer in of met hun herinneringen, maar Allene hield het kabinet van haar persoonlijke geschiedenis stevig op slot. Ook in dat opzicht bleef ze een kind van haar victoriaanse jeugd; aan moderne inzichten over rouwverwerking en het uiten van gevoelens had ze weinig boodschap. Doorgaan en niet omkijken, was haar devies.

Het was de instelling die Amerika had grootgemaakt, het was de mentaliteit die Allene had doen overleven en het was ook de spirit die ze probeerde over te brengen op haar stiefzoon, die in Newport weinig overtuigende pogingen deed om een zelfstandig leven op te bouwen:

Een sterk karakter is iets waaraan gewerkt moet worden, en hard ook... Probeer altijd verschillende dingen. Probeer iedere manier die je kunt bedenken als je iets echt belangrijks nodig heb en als je geen manier ziet, vraag om hulp... Alle meisjes en jongens, ongeacht in welke positie ze zijn grootgebracht, moeten tegenwoordig werken, of tenminste weten hoe dat te doen. En ik zou denken dat elke mogelijkheid aangegrepen zou moeten worden om werk te krijgen voor je eigen waardigheid...

En probeer vrienden te maken, iedereen kan dat met een beetje moeite.

Heiners aandeel in de briefwisseling is niet bewaard gebleven, maar uit de reacties van Allene laat de inhoud zich wel raden. Hij voelde zich boven alles een slachtoffer van zijn tijd, van de omstandigheden en van andere mensen. Dat hij er niet in slaagde om werk, vrienden of een relatie te vinden en maar bleef bivakkeren in Allenes Beechwood, verzorgd door haar bedienden, lag nooit aan hem – altijd aan anderen, die op de een of andere manier in zijn ogen tekortschoten.

Tevergeefs probeerde Allene hem bij te brengen dat hard zijn voor jezelf niet betekende dat je dat ook voor anderen moest zijn. Integendeel:

Het is echt ontzettend stom om wraakgevoelens jegens anderen te hebben. IK DOE HET NIET, het zou mij meer pijn doen dan die ander... Je MOET, MOET niet altijd meteen het slechtste denken. Ik kan me dagelijks door mensen beledigd voelen, maar persoonlijk vind ik dat het dom is om niet gewoon vriendelijk over iedereen te denken. Het is een betere karakterinstelling in het leven: wees tolerant...

Ik hou van mensen en jij MOET dat ook doen. Het is ook waar dat we vooral van mensen krijgen wat we hun GEVEN. Kijk naar hun goede kwaliteiten en negeer hun fouten, op die manier ben je gelukkiger. Neem anderen zoals ze zijn en ken je zelf... Als we mensen echt op hun waarde zouden schatten, zouden we maar weinig vrienden overhouden!

Allene bracht dit zelfbedachte recept voor geluk met verve in de praktijk. Zo leek ze bepaalde dingen in haar omgeving inderdaad niet te hebben willen of kunnen zien. Zoals het feit dat Heiner, ondanks al haar hulp en aansporingen, alle serieuze carrière- of trouwplannen maar op de lange baan bleef schuiven en voortdurend het gezelschap zocht van jonge mannen met een dubieuze reputatie waar het hun seksuele geaardheid betrof. Of het feit dat haar eigen Paul wel heel vaak op stap was met zijn veel jongere neef George, die door het leven ging met de in dit verband toepasselijke bijnaam 'Gogo'.

In die zin had Allene in Paul misschien een pseudo-echtgenoot, zoals ze in Heiner een pseudozoon had en in Kitty Cohu en Jane Moinson pseudodochters. Maar dat was voor haar geen reden om minder onvoorwaardelijk van hen te houden dan wanneer ze de echte waren geweest. Zoals de geamputeerden uit de Eerste Wereldoorlog hadden leren lopen en leven met kunstledematen en daar zelfs aan gewend geraakt waren, zo redde Allene zich met haar kunstmatige gezin. En binnen deze filosofie paste het eenvoudigweg niet om zich al te veel te verliezen in mijmeringen over haar verloren geliefden en zo alsnog de gijzelaar te worden van haar eigen geschiedenis.

*

Liever keek Allene vooruit – zoals in de zomer van 1951, toen ze, bijna tachtig jaar oud, nóg een zeehuis kocht. 'In a whim', in een opwelling, zoals ze schreef. Ze was naar de Franse zuidkust gegaan voor een bezoek aan haar oude vriendin Marion Bateman in Monte Carlo en was ter plekke weer verliefd geworden op de Rivièra. 'Het is hier zo mooi nu, alle rozen zijn uit en overal ruik je bloemen.' Onderweg bezocht ze een eerder door Kitty en Wally Cohu gehuurd zomerhuis in Cap-d'Ail, een plaatsje tussen Nice en Monaco, en besloot er meteen een bod op te doen. Aan Heiner schreef ze begin juli:

Ik ben erg onverstandig en extravagant geweest, want ik kan het me eigenlijk niet veroorloven, maar ik heb een klein villaatje gekocht in Cap-d'Ail, ongeveer twintig minuten lopen van Monte Carlo, pal aan zee. Er is geen meubilair, maar als het je wat lijkt kan ik drie bedden en zes stoelen en een bridgetafel kopen en kunnen we daar een week picknicken. Dan kook ik en wassen we samen af en dan kunnen we zwemmen vanuit het huis. Laat me weten of je hier zin in hebt!

Tot het einde van de negentiende eeuw was Cap-d'Ail nog een steil oplopend, tegen de rotsige berghelling aan gelegen boerengehucht geweest, waar alleen maar geitenhoeders langskwamen. De aanleg van een spoorbaan tussen Nice en Monaco had het dorp echter getransformeerd tot hotspot van de internationale jetset, onder anderen van de Britse koninklijke familie en Winston Churchill, die in het fameuze Hotel Eden zijn schildersezel placht op te zetten. Ook als overwinteringsoord was het populair, omdat de Maritieme Alpen een natuurlijke barrière vormden tegen de koude winden uit het noorden. Het was de ultieme plek voor wat genoemd werd de *douceur de vivre* – het zachte leven.

Groot was Castel Mare, zoals Allenes nieuwe huis heette, inderdaad niet, maar het lag prachtig – pal aan zee, aan het einde van de Boulevard de Mer. Van daaraf was via een trap met de poëtische naam L'Escalier de la Solitude een klein kiezelstrand te bereiken. Het zomerhuis was in 1909 gebouwd door een rijke fabrikant uit Monaco en lag zo strak tegen de rotswand dat je vanaf de boulevard op het dak kon kijken. Het was het ultieme zeehuis, met aan drie kanten een onbelemmerd uitzicht over de Middellandse Zee. Op het ondiepe terras voor het huis kon je je bijna aan boord van een schip wanen – zoveel opspattend schuim was er te zien, zo alomtegenwoordig ook was het geluid van de golven die voortdurend de rotsen onder het huis belaagden.

Een maand nadat Allene het koopcontract had getekend, in augustus 1951, organiseerde ze er haar eerste dinertje – 'just a picnic fashion', gewoon als een soort picknick. In de maanden die volgden was ze volop bezig met de inrichting van haar nieuwe mediterrane leven. De Buick maakte plaats voor een Ford Vedette, omdat die veel praktischer was op de smalle, bochtige wegen ernaartoe. Het huis werd voorzien van een telefoonaansluiting, gemoderniseerd en opgeknapt. Zowel uit Parijs als uit New York liet ze meubelstukken overbrengen en de rest van het interieur winkelde ze bij elkaar in het Parijse warenhuis Lafayette en exclusieve interieurzaken.

Het pronkstuk van het huis en het gedeelte waar Allene de meeste zorg aan besteedde, was het deel dat door de werklieden eerbiedig werd aangeduid als 'la Chambre de Madame'. Ze richtte haar slaapkamer, die ruim de helft van de eerste verdieping in beslag nam en aan twee kanten voorzien was van grote, hoge ramen en openslaande deuren naar een balkon, met het fijnste satijn en de zachtste zijde in teerblauwe tinten in – bijna alsof ze met kamer en al op wilde gaan in de azuurblauwe zee, waar ze vanuit haar bed zo'n magnifiek zicht op had.

Hoe niet dood te gaan

Het laatste bedrijf van het theaterstuk waarin Allene de hoofdrol speelde, begon bijna vier jaar na haar dood op een mooie voorjaarsochtend in 1955 in het gerechtsgebouw van Newport. Twee jaar daarvoor had Heiner Reuss in dit nogal pompeuze, nog uit de Gilded Age daterende bouwwerk de eed van trouw aan de Amerikaanse vlag gezworen en was hij tot Amerikaans staatsburger genaturaliseerd. En nu stond hij hier weer – maar deze keer als een man die voor het oog van de wereld te kijk werd gezet als iemand die zijn stervende, aan zijn zorgen overgeleverde oude stiefmoeder een kapitaal ontfutseld zou hebben. Het ging om een bedrag van maar liefst 23,6 miljoen dollar. Dat maakte de rechtszaak tot de grootste die ooit in Newport had plaatsgevonden. 'A live court room drama no summer theater could hope to offer' beloofde de *Chicago Daily Tribune* haar lezers – een rechtbankdrama waar geen zomertheater tegenop kan.

Een drama was het inderdaad, al was het maar door de onduidelijke familieverhoudingen die aan het conflict ten grondslag lagen. De aanklagende partij bestond uit een tiental neven en nichten van Allene, afkomstig uit alle windstreken van Amerika – New York, San Francisco, Berkeley, Miami, Palm Beach. Onder hen bevond zich Lucy Dadiani, het nichtje voor wie Allene ooit een huwelijk met een Russische prins had gearrangeerd, maar met wie ze gebrouilleerd was geraakt toen ze haar aan de Dadiani's toevertrouwde huis in Parijs in de zomer van 1945 leeggeplunderd had aangetroffen. Gedesillusioneerd had Allene aan Heiner geschreven:

Lucy heeft alle goede dingen uit de Rue Barbet-de-Jouy gestolen. Ik vertrouwde haar en George en ze bleken ordinaire dieven te zijn. Ik ben bang dat ze allebei naar de gevangenis zullen gaan. Ik heb geen sympathie voor ze, ze hebben al mijn vertrouwen beschaamd.

Van een rechtszaak was het destijds niet gekomen, omdat de Dadiani's niet zozeer zelf gestolen bleken te hebben, als wel hadden toegelaten dat de Duitse bezetters dat deden. Maar de kwestie was breed uitgemeten in de internationale pers en had de toch al niet zo warme band tussen Allene en haar biologische familie weinig goed gedaan.

Een andere bekende naam in het Tew-kamp was Julia Rosewater, het nichtje met wie Allene in de jaren rond de dood van Anson zo innig was omgegaan. Zo innig zelfs dat Julia in 1928 de ongebruikelijke stap had genomen om de achternaam van haar toen zeventienjarige zoon Seth officieel te laten veranderen in Burchard. Hierdoor zou Seth, aldus *The New York Times* in een artikel getiteld 'Took Burchard name, inherits millions', volgens zijn moeder niet alleen rechthebbende worden op Ansons miljoenen, maar ook, op termijn, op die van

Allene. Kennelijk was Julia iets te voortvarend geweest, want Allene financierde weliswaar de Harvard-opleiding van Seth 'Burchard' en hielp hem later aan een baan bij General Electric, maar in haar testament kwam hij in het geheel niet voor.

*

Meteen al op de eerste procesdag, op 22 mei 1955, brachten de 'Heirs at Law and next of kin', oftewel de rechtmatige erfgenamen en familieleden, tien punten naar voren waarom het document dat als Allenes laatste wil was voorgelegd, ongeldig verklaard diende te worden. Samengevat:

> Het testament werd opgemaakt onder oneigenlijke, illegale en onfatsoenlijke invloeden; als gevolg van stress was de erflaatster niet bij haar volle verstand en had ze niet voldoende geestvermogens; daarbij was het niet het laatste testament en was het niet opgemaakt met alle formaliteiten die de wet vereist.

Kortom, Allenes familie wilde haar met terugwerkende kracht alsnog voor gek laten verklaren.

In eerste instantie leek dat de Tews weinig problemen op te gaan leveren, want de inhoud van en de omstandigheden rond de laatste wilsbeschikking van de gravin Kotzebue waren op zijn minst verdacht. Op zich was het natuurlijk al opmerkelijk dat ze het leeuwendeel van haar fortuin had nagelaten aan wat een journalist later omschreef als 'a retinue of servants and hangers-on' – een gevolg van bedienden en meelopers –, met name aan de mannen die de laatste jaren van haar leven respectievelijk als haar zoon en haar echtgenoot hadden gefungeerd. Niet alleen waren beide heren van 'twijfelachtige seksuele geaardheid', maar ze hadden ook een achtergrond die in deze jaren van Koude Oorlog en heksenjachten op communisten alle alarmbellen deed rinkelen.

Heiner Reuss was een geboren Duitser en kon, genaturaliseerd of niet, na twee wereldoorlogen toch niet anders gezien worden dan als een erfvijand van de Verenigde Staten. Paul Kotzebue, maar liefst twaalf jaar jonger dan zijn overleden vrouw en alleen daarom al verdacht, was eigenlijk een Rus en daarmee de belichaming van de Nieuwe Vijand. Zelfs aan Kitty Cohu, de derde hoofdbegunstigde uit het testament, kleefden twijfelachtige kantjes. Amerikaans was ze zeker, maar ze was ook de echtgenote van de jurist die de omstreden wilsbeschikking had opgemaakt en nu als executeur-testamentair fungeerde. Om de belangenverstrengeling nog groter te maken bleek de overledene op papier ook nog eens een stille partner in de juridische firma van deze Wally Cohu te zijn – zij het niet onder haar eigen naam, maar onder de naam A.T. Burchard.

Het meest verdacht echter was de gang van zaken rond het overlijden van de erflaatster. Waarom, zo vroegen de neven en nichten zich af, was hun terminaal zieke tante de voorgaande herfst niet naar New York gegaan, zoals haar gewoonte was? Dan had ze haar einde kunnen afwachten in haar comfortabele appartement aan Park Avenue, met Amerika's beste doktoren en ziekenhuizen onder handbereik, in plaats van te moeten sterven in een soort zomerhuis aan zee, slechts bijgestaan door een oude Franse dokter van over de tachtig. Waarom had ze daar in het verre Frankrijk uiteindelijk niemand meer willen ontvangen, zelfs niet de familieleden met wie ze nog wel op goede voet stond? En waarom was ze meteen na haar overlijden in alle stilte in vreemde grond begraven, zodat niemand meer afscheid van haar had kunnen nemen?

Dus dat was wat de Newportse rechtbank moest uitzoeken: wat was er die laatste jaren eigenlijk gebeurd met Allene Tew?

*

De klachten waren eigenlijk al begonnen in het najaar van 1951, vlak na aankoop van de villa in Cap-d'Ail. Al een tijdje had Allene last van haar maag en een, zeker voor haar doen, ongebruikelijk gebrek aan eetlust. 'Zaza is hier naast me in het boudoir haar avondeten naar binnen aan het werken,' verzuchtte ze in een brief aan Heiner. 'Ik wou dat ik iets van haar en Pauls eetlust had.'

In oktober werd de pijn zo erg dat ze na thuiskomst van een canasta-avondje bij vrienden in Parijs zelfs haar wekelijkse brief aan Heiner niet meer kon afmaken. Inderhaast werd de hulp ingeroepen van dr. Louis Moinson, de vader van het Franse meisje wier huwelijk Allene ooit op Birchwood had georganiseerd en over wie ze nog altijd met moederlijke zorg waakte. De beroemde Parijse chirurg was vanwege zijn gevorderde leeftijd gestopt met werken, maar voor vrienden en familie fungeerde hij nog altijd als lijfarts.

'Ik denk dat ze hier al een hele tijd tegen aan het vechten was & hoop dat ze zich na de behandeling van dr. M. beter zal voelen', schreef Alice Brown later die avond in Allenes plaats aan Heiner. Vier dagen later was Allene inderdaad weer opgeknapt en had ze, getuige de vervolgbrief aan Heiner, zelfs alweer praatjes:

Ik weet dat het een leveraanval was, maar dr. zei dat het voedselvergiftiging was en hield me veel langer in de ellende dan noodzakelijk.

Die winter brachten de Kotzebues zoals gewoonlijk door in New York. Met haar gebruikelijke discipline bestuurde Allene van hieruit per brief de overzeese gebiedsdelen van haar eigen koninkrijkje, maar echt fit voelde ze zich echter nog altijd niet. 'Ik probeer maar vrolijk te blijven en hoop dat het mijn tijd zal duren,' schreef ze aan John Sanford Burnet, een Britse oorlogsveteraan die als haar manusje-van-alles in Frankrijk fungeerde en toezicht hield op de verbouwings- en inrichtingswerkzaamheden in Cap-d'Ail.

Van haar plannen om in maart zelf naar de Rivièra af te reizen om het resultaat van de verbouwing te bewonderen, kwam echter niets. In plaats daarvan belandde ze in het Roosevelt Hospital in New York, waar ze werd geopereerd aan een kwaadaardige tumor in haar maag. Kennelijk gaven de doktoren Allene weinig hoop op een goede afloop, want op maandag 7 april 1952 maakte ze, nog in het ziekenhuis, samen met Wally Cohu haar testament op. Ze bekrachtigde het document met een handtekening die net zo ferm en zelfverzekerd was als toen ze als negentienjarige voor het eerst met 'Allene Tew Hostetter' had getekend.

Enkele dagen later zette Allene Beechwood in de verkoop. Getuige eerdere correspondentie voelde ze zich eigenlijk al jaren niet meer echt thuis in het mausoleumachtige buitenhuis van wijlen Mrs. Astor. Het diende eigenlijk alleen maar als onderkomen voor Heiner, die vier jaar na zijn aankomst in Amerika nog altijd geen werk of eigen woning had weten te organiseren.

Erg moeilijk bleek het niet om in deze tijden van grote economische voorspoed een koper te vinden voor het legendarische Astor-mansion in Newport en al op 3 mei werd het huis, inclusief een groot deel van de inboedel, verkocht aan een New Yorkse garenfabrikant. Kleinere meubelstukken liet Allene naar Frankrijk verschepen om Castel Mare verder mee in te richten; het servies en het textiel verdeelde ze over vrienden en kennissen zoals Bernhards broer: 'China and glass given to Prince Lippe.'

Uitgekeken op de zee of op de baai van Rhode Island was Allene echter nog steeds niet. Zodra ze uit het ziekenhuis ontslagen werd, huurde ze een huis op Rough Point, het uiterste, aan drie kanten door de Atlantische Oceaan omstuwde puntje van het schiereiland Newport. Weer trad ze in de voetstappen van Edith Wharton, want precies op deze plek had de schrijfster voor haar vertrek naar Parijs jarenlang gewoond – verleid door 'the endlessly changing moods of the misty Atlantic' en 'the night-long sound of the surges against the cliffs'.

Whartons huis was in 1927 door de bekende architect John Russell Pope gesloopt en vervangen door een zomerhuis voor hemzelf en zijn gezin. The Waves, zoals hij het resultaat toepasselijk noemde, werd omringd door de met wilde rozen begroeide en door de oceaan afgevlakte rotsen die zo typerend waren voor de baai van Rhode Island. Net als in Cap-d'Ail waren het geluid van de zee en de geur van zeewier alomtegenwoordig, maar de sfeer was er vrediger, met zwaluwen die nestelden in de stenen muur rond de tuin.

Aan de achterkant van haar nieuwe onderkomen had de herstellende Allene uitzicht op Bailey's Beach, waar Jacqueline Bouvier, een buurmeisje van haar uit '740 Park', die zomer haar verloving vierde met de jonge, veelbelovende senator John F. Kennedy. Aan de voorkant had ze uitzicht op een zeelandschap dat zich helemaal uitstrekte tot aan Ierland.

*

'Trust you are quite yourself again', schreef John Burnet in juni 1952 aan zijn werkgeefster, op wie hij duidelijk zeer gesteld was. Allene was inderdaad weer min of meer zichzelf – in ieder geval voldoende om de maand daarop alsnog de boot naar Europa te nemen en haar leven als luxenomade als vanouds voort te zetten. Die zomer lunchte ze met Somerset Maugham, borrelde met een dochter van Churchill en kreeg een nieuwe pup, ter vervanging van de overleden en diepbetreurde Mademoiselle Zaza. Ook kochten Paul en zij een televisietoestel, de nieuwe uitvinding die in hoog tempo de wereld aan het veroveren was en een grote rol speelde in de verkiezingsoverwinning van Allenes vriend Ike Eisenhower later dat jaar.

In september ontving Allene de Nederlandse koninklijke familie voor een korte vakantie in Cap-d'Ail. Juliana was toevallig net in New York geweest voor haar eerste staatsbezoek aan Amerika toen Allene daar in april werd geopereerd. De koningin had in haar drukke programma meteen ruimte gemaakt voor wat door de Hollandse kranten discreet omschreven werd als 'een bezoek aan een oude, zieke vriendin'. Bernhard, hoewel op dat moment ook in New York, vergezelde haar niet. De verstandhouding tussen koningin en prinsgemaal stond al jaren onder druk door zijn buitenechtelijke escapades en door Juliana's steeds inniger vriendschap met de gebedsgenezeres Greet Hofmans. Tijdens dit staatsbezoek bereikte de relatie een nieuw dieptepunt als gevolg van een pacifistisch getinte toespraak die Juliana, zwaar tegen Bernhards zin, in het Amerikaanse Congres had gehouden.

Het lijkt erop dat Allene deed wat ze kon om de van elkaar vervreemde echtelieden weer enigszins tot elkaar te brengen, want ze bracht deze herfst opvallend veel tijd met het echtpaar door. Na de vakantie lunchte ze nog verschillende keren met hen op de ambassade in Parijs; ook ontving ze Bernhard en zijn twee oudste dochters enkele keren apart. Dat laatste vooral tot genoegen van haar bijna vijftienjarige peetdochter Beatrix, die net als haar vader buitengewoon gesteld was op de gedecideerde Amerikaanse, die zo verschilde van haar eigen, vaak twijfelende en lijdelijke moeder.

Veel haalden de verzoeningspogingen overigens niet uit – de tweespalt in het huwelijk zou kort na Allenes dood uitmonden in een publiekelijk uitgevochten paleiscrisis. Het was, zoals een Amerikaanse krant ergens in deze periode opmerkte, jammer dat gravin Kotzebue er niet langer was 'om te bemiddelen of om Bernhard wijs advies te geven'. Zelf was Allene in een brief aan Heiner kort en bondig over huwelijkscrisissen als die van de Oranjes: 'It is so tiresome that people are not kinder to each other' – het is behoorlijk vermoeiend dat mensen niet gewoon wat aardiger tegen elkaar zijn.

*

'Don't play us any more tricks like last year', schreef John Burnet in het voorjaar van 1953 aan Allene – haal vooral niet meer zulke trucjes uit als vorig jaar! En hij kreeg zijn zin, want na haar New Yorkse winter kwam zijn werkgeefster dit jaar wel in maart naar Cap-d'Ail om te kijken hoe het ervoor stond met de impulsaankoop die ze twee jaar eerder had gedaan. In haar bagage had ze haar complete New Yorkse tafelzilver, want 'picnic fashion' of niet, dineren deed ze toch graag in stijl. Aan Heiner schreef ze enthousiast:

Het weer, de zee, de hemel en de bloemen: het is allemaal prachtig en ik vind het heerlijk om hier te zijn. Het is zo RUST- GEVEND en het doet me goed.

Voor haar gezondheid werd gezorgd door dr. Moinson, die met zijn vrouw in het nabijgelegen Monte Carlo woonde. Hij voorzag haar ruim van pijnstillende pillen en injecties, en kwam bijna elke dag bij haar voor controle:

Hij heeft het gevoel dat als hij mijn bloedspiegel, mijn bloed- druk en mijn algehele conditie maar voortdurend in de gaten houdt, hij me sterk en gezond kan krijgen. Hij doet zijn best & ik hoop dat hij gelijk heeft.

Maar ondertussen werden de gastenlijsten voor Allenes ver- jaardagen in Suisnes, die ze in eerdere jaren altijd met zoveel plezier georganiseerd en zo uitbundig gevierd had, steeds kor- ter. Ook haar sociale agenda werd leger. Vaak verkoos ze een 'little supper with Miss Brown', en ging vervolgens vroeg naar bed. Om de dag erna weer op haar eigen, ijzerenheinige ma- nier een draai te geven aan het feit dat ze eigenlijk te veel pijn had gehad om te slapen: 'The moon is again too beautiful over the sea, I watched it quite a while in the night.' De maan boven de zee was zo prachtig geweest, uren had ze er vanaf haar balkon naar zitten kijken.

Ook het reizen begon zwaar te vallen:

> De reis naar Parijs heeft me veel te moe gemaakt, ik kon me 48 uur lang nauwelijks meer bewegen. Ik heb nu de sterkste pil genomen en voel me vast snel weer beter.

En terwijl Louis Moinson in de loop van 1953 en 1954 almaar sterkere pijnstillers ging voorschrijven, schrompelde het leven dat Allene altijd zo graag ruim had willen houden, langzamerhand ineen. Maar zoals ze steevast weigerde om de geesten uit het verleden toe te laten, zo deed ze dat nu ook met die andere schaduw die naderbij sloop, en dat was die van de dood.

*

Voor het leven had Allenes zelfgefabriceerde geluksrecept altijd goed gewerkt. Keer op keer was ze tegenspoed en wanhoop te lijf gegaan met haar favoriete mantra's. 'Als je de wil en het doorzettingsvermogen hebt, dan KUN je dingen...' 'Probeer altijd alle mogelijke manieren, en als je geen manier ziet, vraag hulp.' 'COURAGE ALL THE TIME' – altijd moed houden! En iedere keer was het haar gelukt om de loop der gebeurtenissen weer haar kant op te laten draaien, de fortuin af te dwingen en weer een vorm van geluk te vinden.

In het zicht van deze nieuwe vijand werkte die filosofie echter niet meer. Integendeel. De ziekte die Allene van binnenuit opvrat, was met alle wilskracht en doorzettingsvermogen van de wereld niet weg te krijgen, en ontkenning ervan werkte alleen maar averechts.

Hoe niet dood te gaan? Die vraag ging Allenes gedachten in de loop van het jaar 1954 steeds meer overheersen. En omdat ze zichzelf nu eenmaal had aangeleerd nooit de hoop op te geven, greep ze naar almaar onorthodoxere behandelmethoden – daarbij datgene verliezend wat in combinatie met haar levensmoed altijd haar kracht was geweest, namelijk haar nuchterheid. Hoopvol schreef ze aan het begin van die zomer aan Heiner over 'genezingsmethoden in Engeland zonder medicijnen... het klinkt dwaas, maar Hoop kan soms geweldige resultaten geven, dus waarom het niet proberen?'

In juli belandde ze bij twee Duitse wonderdokters in het Zwitserse Montreux, die beloofden haar te kunnen genezen met ijzerhoudende, uit placentacellen bestaande serums. Getuige haar brieven vertrouwde Allene in eerste instantie blindelings op haar nieuwe behandelaars en hun therapie – 'Ik heb twee dosissen van de cellen van dr. Niehans genomen en hij vindt dat ze heel goed bij mij aanslaan' – al ontging het haar nog steeds scherpe geest niet dat beide heren een fortuin in rekening brachten voor hun revolutionaire behandelmethoden:

Het is allemaal ontzettend duur, maar als het geneest is het dat waard... Ik voel me een soort proefkonijn met allerlei soorten serums en medicijnen, maar dr. Niehans denkt dat sommige zouden kunnen helpen.

Anderhalve maand later was er nog geen enkele verbetering in Allenes toestand opgetreden, reden voor Niehans' collega om het leven van hun patiënte nu echt tot een hel te maken:

Dr. Ackermann heeft alle sigaretten en alle medicijnen weg-genomen ... en een heel strikt dieet voorgeschreven. Ik ben te *miserable* om te schrijven, meer volgt spoedig.

Hierna werden de briefjes waarmee Allene haar stiefzoon in Amerika op de hoogte hield van haar wel en wee almaar korter, het handschrift steeds schokkeriger. 'Ik kreeg een se-rum van de tweede placenta, maar ik heb nog steeds veel pijn', schreef ze op 30 augustus. Zes dagen later kwam het briefje dat haar laatste aan Heiner zou zijn: 'Bad day for me but much love. When do you think you can leave?'

Kort daarop reisde Allene, inmiddels geheel aan het einde van haar krachten, terug naar haar zomerhuis aan de Rivièra, dat van al haar huizen het dichtstbij was. Ze had haar laatste weddenschap met het leven verloren: aan verder reizen naar New York of zelfs maar naar Parijs viel niet meer te denken. En zo strandde haar odyssee uiteindelijk in de herfst van 1954 op de rotsen van Cap-d'Ail. Het enige wat ze nog kon doen, was, omringd door haar zelfgekozen familie, de winter en het onvermijdelijke af te wachten in haar Blauwe Kamer en een antwoord proberen te vinden op haar allerlaatste uitdaging: hoe te sterven?

*

Al op 12 juli 1955, dus nog geen zes weken na het begin van 'Case 9400', zoals de zaak werd genoemd die de Tews tegen de erfgenamen hadden aangespannen, kwamen de rechters in Newport tot de conclusie dat Allenes testament aan alle ei-sen van rechtsgeldigheid voldeed en dus als wettig beschouwd diende te worden. De resultaten van de verhoren van het verplegend personeel in het Roosevelt Hospital waren volstrekt eenduidig geweest: Allene Kotzebue was geheel compos mentis toen ze in april 1952 haar testament had ondertekend en van enige 'undue influence' was geen sprake geweest.

Toch zou het vervolgens nog ruim acht jaar duren voordat het dossier eindelijk gesloten werd en de erfenis definitief verdeeld kon worden. Op de sterkte van de claims kon die lange rechtsgang nauwelijks gebaseerd zijn – behalve verdachtmakingen wist de familie Tew weinig tot geen concrete belastende feiten of getuigenissen te berde te brengen en de kranten verloren dan ook al snel hun aandacht voor de zaak. Het lijkt eerder het gevolg van de sfeer in het door de Koude Oorlog bevangen Amerika. Zo ruimdenkend jegens vreemdelingen als de Amerikanen waren geweest tijdens Allenes jeugd, toen het land nog opgebouwd moest worden, zo xenofobisch en intolerant betoonden ze zich in deze dagen, nu er zoveel welvaart te verliezen was.

Het proces sleepte zich dus eindeloos voort – getraineerd, uitgesteld en opgehouden door de Tews, die daar zelf weliswaar niet echt iets mee wonnen, maar er in ieder geval wel voor konden zorgen dat degenen aan wie Allene haar geld wél had nagelaten daar niet bij konden komen. Dat ze zelf eigenlijk vanaf het begin wel in de gaten hadden dat hun zaak in feite kansloos was, blijkt wel uit de drastische manier waarop een van hen al op 22 december 1955 besloot zijn verlies te nemen. Op die dag zette een neef van Lucy Dadiani, de tweeënveertigjarige James Dinsmore Tew jr., zijn auto op de handrem op de rails van de Florida East Coast Railway. Enkele minuten later werd het voertuig gegrepen door een trein en bijna twee kilometer meegesleept. Dat deze neef van Allene uiteindelijk toch nog een zeker fatsoen had behouden, bleek uit het handgeschreven briefje dat in zijn binnenzak werd gevonden: 'The driver is not to blame' – de treinmachinist kan er niets aan doen.

Voor de rechtszaak maakte de zelfmoord van James Tew geen verschil: zijn plek in het Tew-kamp werd onmiddellijk ingenomen door zijn ex-vrouw, die namens haar zoon 150 000 dollar uit de nalatenschap eiste en net zo hardnekkig doorprocedeerde als de rest.

*

Paul en Heiner hadden één geluk, want Allene bleek in november 1951 haar Franse bezittingen al te hebben verdeeld in een apart, onbetwist, testament. Hierin had ze bepaald dat het huis aan de Rue Barbet-de-Jouy het eigendom zou worden van Paul, dat Heiner de villa in Cap-d'Ail zou krijgen en dat Château de Suisnes naar Kitty en Wally Cohu zou gaan.

Paul en Heiner vertrokken definitief naar Frankrijk en het appartement aan Park Avenue werd in januari 1956 verkocht door Wally, die als executeur-testamentair van de rechtbank toestemming had gekregen om de lopende zaken af te handelen. Onder de vele belangstellenden voor Allenes flat bevond zich een jonge Britse actrice, genaamd Elizabeth Taylor. Het bestuur van de coöperatie weigerde haar echter als medebewoonster, vanwege het vermeend lichtzinnige karakter van haar beroep. In plaats daarvan ging het appartement naar Walter Chrysler jr., erfgenaam van het gelijknamige auto-imperium. Enkele maanden nadat hij zijn intrek in haar vertrekken had genomen, werd ook de inboedel geveild, inclusief de kunstverzameling die Allene en Anson samen hadden opgebouwd.

In juli 1963 sprak de rechtbank in Newport dan toch eindelijk het definitieve vonnis uit. Alle claims van de Tews werden afgewezen en de nalatenschap, die voor het overgrote deel ondergebracht was in Amerikaanse aandelen en inmiddels een totale waarde had van bijna 24 miljoen dollar, kon worden verdeeld. 'Now I am really rich,' zei Paul tegen een familielid toen hij na de uitspraak terugkwam in Parijs.

De bulk van het vermogen werd volgens Allenes laatste wil verdeeld in drie delen, die ieder in een trustfonds werden ondergebracht. Het vruchtgebruik van het eerste fonds was voor Paul en dat van het tweede voor Kitty Cohu. Het derde en laatste fonds werd in zijn geheel geschonken aan het Stevens Institute of Technology in New Jersey, onder de voorwaarde dat het gebruikt zou worden om er een naar Anson Wood Burchard vernoemde afdeling mee op te zetten.

Allenes indrukwekkende sieradenverzameling ging naar allerlei vriendinnen en vrouwelijke familieleden. Daarnaast had ze voorzien in tientallen legaten voor vrienden, personeel en andere mensen die om welke reden dan ook een bijzondere plek in haar hart hadden gehad. Zo kreeg haar secretaresse Alice Brown, die haar ruim een kwarteeuw als een trouwe schaduw over de wereld had gevolgd, een bedrag van 50 000 dollar, dat haar ruim in staat stelde om te gaan rentenieren op de Virgin Islands.

Kort na de uitspraak verkocht Paul het huis aan de Rue Barbet-de-Jouy. Samen met zijn neef George verhuisde hij naar een appartement in de even elegante als discrete Parijse voorstad Neuilly. Twee jaar daarna adopteerde hij zijn neef officieel als zoon, hem daarmee tot erfgenaam makend van zowel zijn titel als zijn privébezittingen.

Later zou een andere neef schrijven dat Paul ondanks zware diabetes en astma tot op het einde van zijn leven een trotse man bleef die, zoals hem ooit in het Pagekorps was geleerd, in alle omstandigheden fier rechtop bleef staan. Pogingen om de voormalige bewaker van de tsaar te verleiden tot ontboezemingen over zijn verleden liepen echter op niets uit. 'Ik heb geheimen en die gaan mee in mijn graf,' zei hij.

Dat graf kreeg Paul in september 1966, nadat hij fataal gewond was geraakt bij een auto-ongeluk ter hoogte van de Noord-Italiaanse stad Vercelli, op weg naar de Adriatische kust. Hij werd begraven naast zijn moeder en zijn zuster op het Engelse kerkhof van Nice, enkele honderden meters van de plek waar Allene in 1955 ter aarde was besteld. Het was dus *lying apart together* – eigenlijk zoals ze ook al tijdens hun bijna twintig jaar durende huwelijk hadden gedaan.

*

Heiner, die volgens de bepalingen in Allenes testament na Pauls dood het vruchtgebruik van het eerste trustfonds erfde, werd nooit de man die zijn stiefmoeder van hem had proberen te maken. In de dagen na haar dood had hij de bovenste verdieping van Castel Mare afgesloten, alle ramen dichtgemaakt en zich teruggetrokken in zijn kamer op de benedenverdieping. Hier leefde hij als een kluizenaar, alleen naar buiten komend om koffie en parfum te hamsteren – waarschijnlijk een late reactie op zijn traumatische oorlogsjaren in Berlijn – en

om op gezette tijden een bezoek te brengen aan de Marok-
kaanse homohoofdstad Marrakesh. Ieder jaar liet hij op Allenes sterfdag een boeket *d'œillets roses et blancs* op haar graf
leggen. In 1993 stierf Heiner, zevenenzeventig jaar oud en zo
goed als helemaal blind als gevolg van het vele roken. Hij liet
Castel Mare na aan de dochter van zijn inmiddels ook overleden zuster Marlisa.

En toen, decennia na haar dood, bleek pas echt hóé goed
bij haar verstand Allene was geweest toen ze op die dag in het
Roosevelt Hospital haar handtekening zette. Want het trustfonds dat na Pauls dood naar Heiner was gegaan, kon volgens
de bepalingen in het testament niet vererfd worden aan zijn
nichtje, net zomin als Paul het had kunnen nalaten aan zijn
'Gogo'. In plaats daarvan ging het naar het gezin van het enige
familielid bij wie Allene kennelijk niet het gevoel had gehad
dat ze op haar geld uit was: Charlotte Rosewater, de oudere
zuster van Seth 'Burchard'.

Charlotte was een jongedame naar Allenes hart geweest: ze
had scheikunde gestudeerd, ze was zelfstandig en uiterst ondernemend. In 1937 was ze, toen al begin dertig, tijdens een
bezoek aan Allene in Parijs, halsoverkop verliefd geworden op
een Brit die net als Allenes zoon als piloot in de Eerste Wereldoorlog had gevochten. Het stel was getrouwd in Allenes
huis en na enkele jaren terugverhuisd naar Engeland, waar
Charlottes man een belangrijke rol speelde in het inlichtin-
gennetwerk van het Britse leger.

Later zou hun dochtertje Anne zich nog levendig herinneren hoe haar moeder en Allene elkaar direct na de oorlog
weer terug hadden gezien in het Ritz Hotel in Londen. Zelf
vormde ze, destijds tien jaar oud, tijdens dit door Allene geïni-

tieerde theepartijtje zo haar eigen mening over de Amerikaan-se oudtante. 'Ik vond haar behoorlijk intimiderend en ook een beetje schrikaanjagend. Ze zei tegen mijn moeder dat ik *very weedy* was, en ik was tot in het diepst van mijn ziel beledigd.'

Moeilijk kon Anne destijds vermoeden dat de ontzagwekkende oude dame op wie zij zo boos was geweest, haar ouders later een legaat van 200 000 dollar zou nalaten. En al helemaal niet dat zij en haar familie in 1977, na de dood van Kitty, en nog eens in 1993, na Heiners overlijden, tot twee keer toe bedolven zouden worden onder een ware waterval van dollars uit de twee trustfondsen, die uiteindelijk voor hen bleken bestemd.

Allene, onvoorspelbaar en eigenzinnig tot het einde, had haar fortuin nagelaten aan iemand voor wie geld er tijdens hun ontmoeting werkelijk niets toe had gedaan: een klein meisje dat diep beledigd was geweest omdat ze 'sprieterig' was genoemd.

Epiloog

De Blauwe Kamer 11

voorjaar 1955

Hoe dood te gaan? Wel, zoals men geleefd heeft. En dat betekende in Allenes geval: in stijl. Hoe lastig dat ook mocht zijn in een tochtig, onhandig huis vol trappen. Hoe onrustig dat ook mocht zijn, toen de zee met het voortschrijden van de herfst steeds meer van haar zomerse vriendelijkheid en charme verloor. De luiken van de naburige huizen werden de een na de ander gesloten – de wintergasten verschansten zich liever in de comfortabele villa's en hotels hoger in de heuvels, en niet hier beneden, direct aan zee, waar de elementen vrij spel hadden.

Aanvankelijk probeerde Allene nog koppig de flarden van haar oude leven vast te pakken. 'If one has the will and persistence, one CAN do things.' Vroeg in de ochtend kwam ze naar beneden en maakte haar stiefzoon wakker om met hem de beurskoersen in de ochtendkranten door te nemen. Ze liet iedere week haar handen en voeten manicuren, zodat die, welke ravage de ziekte in haar binnenste ook aanrichtte, in de woorden van Heiner 'de elegantste ter wereld' bleven. Ze dronk roze champagne. En soms, op goede dagen, liet ze zich in een rieten ligstoel van het terras omhoog dragen naar de boulevard en naar Monaco rijden, om daar in een *private dining room* afleiding te vinden in gok- en kaartspelletjes.

Tegelijkertijd regelde ze dingen, zoals haar begrafenis. Ze wilde begraven worden tussen haar beide ouders in, op het Engelse deel van La Caucade, met het weidse uitzicht op de zee en de in deze jaren al voortdurend opstijgende en landende vliegtuigen. Haar graf werd van wit marmer, met uitgespaarde ruimtes voor planten en bloemen. Daarop zou haar naam staan, 'Gravin Allene de Kotzebue geboren Tew', met eronder het geboortejaar dat ze voor zichzelf had bedacht, 1876, en haar sterfjaar. En aan de voet van haar tombe zouden de volgende woorden worden ingebeiteld: 'Weduwe van Anson Wood Burchard'.

Want dat had Allene voor zichzelf altijd wel geweten: hadden haar eerste twee echtgenoten haar vooral om haar uiterlijk getrouwd en de laatste twee haar vooral om haar geld, de middelste was uiteindelijk de enige geweest die werkelijk om haarzelf van haar had gehouden.

*

Het jaar 1955 brak aan. In Oost-Europa waren de voorbereidingen voor het Warschaupact, als tegenhanger van de NAVO, in volle gang. In de Franse koloniën Algerije, Marokko en Tunesië braken hevige opstanden uit tegen het koloniale bewind. De eerste atoomonderzeeër voer uit. In Èze, een dorp vlak bij Cap-d'Ail, waren de opnames afgerond van Alfred Hitchcocks *To Catch a Thief*. De hoofdrollen werden gespeeld door Cary Grant en Grace Kelly, die het jaar daarop in Monaco ook een Amerikaanse prinses zou worden.

Maar het ging Allene allemaal steeds minder aan. Haar universum kromp ineen tot het blauwe boudoir op de eerste verdieping van Castel Mare, waar ze de dagen doorbracht in haar blauwzijden bed, dommelend in een roes van morfine en champagne. Heel af en toe wist ze zichzelf nog zover te krijgen om een brief te schrijven, meestal om een laatste moederlijke raad op een van haar protegés los te laten. 'Take life as easy as you can,' schreef ze in januari aan Bernhard, 'health is the best of all gifts.' Maar toen hij begin april in de buurt was en haar wilde opzoeken, werd hij al niet meer tot haar ziekbed toegelaten. Allene vond haar eigen ontluistering te groot geworden.

Buiten was een vreemd land, vreemd in taal, in geuren, vreemd ook in het ruwe, rotsachtige landschap dat zo anders was dan de mild welvende heuvels uit haar jeugd. Buiten was de woedende zee, en in de open haard, die dag en nacht brandend gehouden werd, dansten de vlammen zoals ze dat ooit hadden gedaan in de smidse van haar grootvader in Jamestown.

Maar doodgaan deed Allene niet. Misschien had ze na zo'n lang en veelbewogen leven wel die hele lange winter aan zee nodig om het allemaal te overdenken. Misschien was het de morfine, die Louis Moinson haar in steeds grotere hoeveelheden toediende, die de sloten van de kast waarin ze haar verleden had opgeborgen openbrak en de herinneringen eruit deed tuimelen.

Op het nachtkastje naast haar bed stapelden de foto's zich op – Greta in haar bruidsjurk, Teddy in zijn uniform, zijzelf als klein meisje naast haar nichtje, met haar gebruikelijke eigenwijsheid de lens van de fotograaf in kijkend.

Of misschien had Allene zich gewoon voorgenomen in ieder geval nog het voorjaar te halen.

*

Het einde kwam op zondag 1 mei, om half zeven in de avond. Buiten bloeide de mimosa en beneden trokken de eerste houten speedboten hun witte voren alweer door de blauwe, tot rust gekomen Middellandse Zee. In de Riva's amuseerden jonge, mooie mensen zich met elkaar, zich onbewust van hun eigen sterfelijkheid, van de luiken die boven op de rotsen gesloten werden of de strijd die daarachter was gevoerd.

Die avond overleden ook alle vrouwen die nog ergens in haar hadden gezeten, als de matroesjka-poppen uit Pauls Russische jeugd. Het ambitieuze blonde meisje uit het stoere pioniersplaatsje, en de jonge moeder, eindeloos oefenend met haar kinderen op de paardenspringbaan naast de grote blokhut aan de Ohio. De zelfstandige zakenvrouw uit New Yorks high society, Ansons gelukkige echtgenote op Long Island en de Amerikaanse prinses met haar treurige geschiedenis. En, daarna, de gravin met de Russische naam die een koninklijke peettante was geworden en haar eigen vorm van geluk in elkaar had geknutseld.

Allenes allerlaatste autorit voerde over de Route du Littoral – de weg die tussen Monaco en Nice langs de Middellandse Zee slingert, en die vaak de allermooiste van de wereld is genoemd. Luttele minuten nadat haar lichaam uit de Blauwe Kamer was weggedragen en aan die laatste tocht was begonnen, gingen de deuren ervan op slot. En dat bleven ze, bijna veertig jaar lang.

Pas in 1993, toen Heiner Reuss was overleden in de zelfgekozen eenzaamheid waarin hij ook zijn leven had doorgebracht, knarsten er weer sleutels in het slot en klonken er
vreemde stemmen in de kamer. De vastgeroeste luiken werden
opengewrikt en voor het eerst na al die jaren viel er weer zonlicht op Allenes laatste decor.

Haar kleren, haar toilettafel in het hoekraam, de beeldjes
van aapjes en hondjes die ze zo graag om zich heen had gehad. De foto's naast het bed, het bed zelf, de blauwe stof nog
vol bloedvlekken. Een tafeltje met een tegeltableau met een
afbeelding van Suisnes. Brieven. Stoelen waarvan de zijde zo
vergaan was dat die verpulverde als je eraan kwam. De kleine
Hermes-typemachine.

Frisse lucht stroomde die dag door de hoge ramen en de
openslaande balkondeuren de Blauwe Kamer binnen. De vaal
geworden gordijnen wiegden in de zeewind. Het stof woei op
en daarmee vervlogen alle dromen, pijn en herinneringen van
Allene – de zee over, de wereld in.

Gedachten bij dit boek

En daar, in die wereld, vond ik de wonderbaarlijke avonturen van Allene Tew in stukjes en beetjes terug. Mijn speurtocht naar haar leven voerde naar uiteenlopende plaatsen als New York, Parijs, Jamestown, Pittsburgh en Newport; naar vele bibliotheken en krantenarchieven, naar allerlei historici en andere mensen die ik anders nooit zou hebben ontmoet.

Maar het begon natuurlijk allemaal op het terras van Allenes zeehuis in Cap-d'Ail, waar ik – toen nog in het kader van mijn promotieonderzoek naar de jonge prins Bernhard – in de zomer van 2009 voor het eerst kwam en nog diezelfde middag dacht: over deze vrouw ga ik een boek maken. De grote vraag is natuurlijk: waarom? Waarom besluit je om je eigen leven jarenlang in het teken te zetten van iemand die je nooit hebt gekend, van wie je op dat moment eigenlijk nauwelijks iets weet en van wie je zelfs nog nooit een goede foto hebt gezien?

Achteraf denk ik dat het in eerste instantie vooral een romantische notie was. Ik had al jaren het idee dat ik ooit nog een boek wilde schrijven over een oude vrouw in een huis aan zee, die terugkijkt op haar leven. Toen de huidige eigenaresse van Castel Mare me vertelde dat Allene het laatste half jaar van haar leven noodgedwongen in dat huis had doorgebracht, had ik meteen het gevoel mijn hoofdpersoon gevonden te hebben. Daar kwam nog eens de omstandigheid bij dat Allene een Amerikaanse was. Nadat ik met mijn eerdere boeken vooral de geschiedenis van Nederland en Duitsland had herbeleefd, kreeg ik zin in de grote wereld, en bovenal in Amerika.

Dat laatste had te maken met iets wat ik vaak in interviews heb gezegd, namelijk dat ik mijn eigen vragen over het leven uitzoek via mijn boeken. Dat was ook deze keer zo. Ik was al langer gefascineerd door het feit dat sommige mensen hun leven vooral laten bepalen door hun verleden – en niet zelden als slachtoffer –, terwijl anderen zich juist laten inspireren door de mogelijkheden die voor hen in het verschiet liggen. In dat kader bewaarde ik al jaren een interview uit 2011 met hoogleraar psychiatrie en psychotherapie Frank Koerselman over wat hij 'de verwende samenleving' noemt. Volgens hem lijdt de moderne mens aan een teveel aan ijdelheid en een gebrek aan zelfrelativering, en is hij verleerd om op een gezonde manier om te gaan met frustraties en tegenslag. Daarbij haalt hij een onderzoek aan waarin een groep schooljongens tot ver in hun volwassen leven werd gevolgd. Zijn conclusie:

Uit dat onderzoek komt naar voren dat de duivel altijd op dezelfde hoop schijt. Geluk hoopt zich op en ongeluk hoopt zich op. Mensen zijn én ongezond én arm én worden in de steek gelaten, en vice versa. Heel onrechtvaardig. En de enige echte voorspeller voor geluk of ongeluk is het vermogen tot omgaan met tegenslag. Degene die het beste kan omgaan met tegenspoed, heeft de meeste kans op voorspoed.

Mijn conclusie: het heeft dus kennelijk zin om je te verdiepen in de manier waarop met tegenslag wordt omgegaan. En waar kan dat beter dan in Amerika, het land dat de mentaliteit van vallen en opnieuw beginnen van oudsher hoog in het vaandel heeft staan? Mijn onbekende oude vrouw aan zee leek me bovendien een geschikt onderzoeksobject, want ik wist weliswaar nog niet veel van haar, maar wel dat ze in haar leven dingen had meegemaakt waarvan ik me niet kon voorstellen hoe je daarmee verder leeft.

In die zin was Allene dus míjn Amerikaanse droom. Er zitten uiteindelijk drie boeken in *De Amerikaanse prinses*. Het is een wonderlijk levensverhaal, zo vol wendingen dat het voor mij bijna voelde als een avonturenroman. Het kan ook gelezen worden als een Kleine Geschiedenis van Amerika. En ten slotte is het mijn zeer persoonlijke, kleine onderzoek naar de vraag: hoe met verlies om te gaan?

In verband met Allene denk ik dat het antwoord werd gegeven door de bioloog Charles Darwin, die zei: 'Het is niet de sterkste van de soort die overleeft, het is ook niet de intelligentste die overleeft. Het is die ene die het beste tegen verandering kan.'

Natuurlijk kun je je afvragen: is de flexibiliteit die Allene met zoveel overtuiging tentoonspreidde het gevolg van haar doorzettingsvermogen en een aangeleerde mentaliteit? Of was het gewoon een kwestie van karakter, waarmee nu eenmaal niet iedereen wordt geboren, en dat je dus ook niet van iedereen kunt verwachten? Ik weet daar het antwoord niet op. Wel denk ik dat haar verhaal me iets wijzer heeft gemaakt over de omstandigheden waaronder zo'n overleversmentaliteit kan ontstaan en de verschillende manieren waarop ongeluk tegemoet getreden kan worden.

Wat ik me ook realiseerde is hoe cultureel bepaald de manier is waarop met levenskwesties wordt omgegaan. Voor mij, als kind van de jaren zeventig, was het een vanzelfsprekendheid dat praten en 'uiten' horen bij het 'verwerken' van teleurstellingen en verdriet. Maar terwijl ik aan dit boek werkte, begon het victoriaanse gedachtegoed me in een aantal opzichten eigenlijk tamelijk verfrissend voor te komen. De negentiende-eeuwers, altijd aan mij gepresenteerd als puriteins en bekrompen, bleken tot mijn verrassing ook energiek, stoer en sociaal. Daarbij realiseerde ik me dat het grote maatschappelijke en persoonlijke voordelen kan hebben als mensen in staat zijn zichzelf te beheersen, te disciplineren en, als dat moet, ondergeschikt te maken aan een groter geheel. In dat opzicht valt er voor de moderne mens misschien toch meer te leren van de victorianen dan we denken.

'Misery seeks company' luidt een bekend Amerikaans gezegde – ellende zoekt gezelschap. Dit project leerde me dat geluk net zo goed gezelschap zoekt. In de jaren nadat ik voor het eerst in Allenes Blauwe Kamer stond, heb ik nooit een seconde spijt gehad van mijn beslissing me aan haar levensverhaal te wagen. Haar leven was woelig en veelbewogen, soms overweldigend. Datzelfde gold voor het maken van dit boek. Maar zoals zijzelf uiteindelijk nooit het plezier in haar leven verloren lijkt te hebben, zo verloor ik nooit het plezier in het bij elkaar puzzelen van dit verhaal. Al was het maar omdat het me besmette met iets wat ik van tevoren misschien niet had verwacht of gezocht, maar waarvan je nooit te veel kunt hebben: hoop en goede moed.

Bronnen

Deze reconstructie is, zoals gebruikelijk, tot stand gekomen aan de hand van tal van bronnen. De belangrijkste staan hieronder. Omdat ik zelf veel heb gehad aan mijn zwerftocht langs de vele adressen die Allene Tew tijdens haar leven de hare heeft genoemd, heb ik ook daar een klein overzicht van opgenomen.

Om te beginnen wil ik benadrukken dat ik dit boek niet had kunnen maken zonder de zegeningen van internet. Zoals Jamestown in de tweede helft van de negentiende eeuw kon opbloeien dankzij de industriële revolutie, zo kunnen verhalen uit die periode tot leven komen dankzij de digitale revolutie – en met name de schatkamer die gedigitaliseerde historische kranten vormen. Daarbij had ik het geluk dat de historische archieven in Amerika over het algemeen niet alleen gemakkelijk vindbaar, maar ook relatief gemakkelijk digitaal doorzoekbaar zijn. Het zou te ver voeren om de talloze sites op te nemen die ik in de loop van mijn onderzoek heb geraadpleegd, maar enkele wil ik wel onder de aandacht van de lezer brengen – al is het maar omdat ze voor dit boek zo essentieel waren en ze wellicht ook diensten kunnen bewijzen aan andere onderzoekers.

De genealogiesite ancestry.com was een onuitputtelijke bron van geboortebewijzen, paspoortaanvragen, passagierslijsten, volkstellingendossiers en alle andere 'harde' feiten die je nodig hebt voor het reconstrueren van een leven. De societyrubrieken in *The New York Times* en *The Washington Post*, eenvoudig toegankelijk via hun digitale archieven, maakten het me mogelijk om de gangen van de hoofd- en bijfiguren van dit boek bijna op de voet te volgen. Via newspapers.com en de Nederlandse variant delpher.nl ten slotte zijn honderden kleinere en minder bekende kranten met een simpele druk op de knop te doorzoeken op alles en iedereen van wie je verder nog iets wilt weten.

PERSONEN

Ieder boek, ook dit, heeft zo zijn eigen beschermengelen – mensen die op de een of andere manier een bijzondere rol hebben gespeeld in de totstandkoming ervan. Zoals Victoria Theisen, de huidige eigenaresse van Castel Mare, wier gastvrijheid ervoor zorgde dat ik het idee voor dit boek kreeg en die me in de jaren erna op vele manieren heeft geholpen met informatie en inspiratie. Haar dochter Marie Schäfer was een grote hulp bij het terugvinden en ontcijferen van Allenes brieven. Ook haar ben ik zeer erkentelijk.

Dan waren er mijn vaste 'engelen' in de persoon van Kees van der Sluijs en Jo Simons – de eerste was weer een onmisbare steun en toeverlaat als historisch geweten en als vindingrijk onderzoeker, de tweede als onvermoeibaar reisbegeleider en researcher buitenshuis. Flip Maarschalkerweerd, directeur van het Koninklijk Huis Archief, was zo vriendelijk mijn manuscript te lezen en waar noodzakelijk van commentaar te voorzien. Ook verder heeft hij bijgedragen wat in zijn vermogen lag. Jeroen Kwist wil ik graag bedanken voor het gebruik van zijn prachtige huis aan het Chautauquameer, en Anne Walton, de dochter van Charlotte Felkin geboren Rosewater, en haar zoon David voor hun gastvrijheid en de manier waarop ze de researchperiode van een warm en plezierig einde hebben voorzien.

Patricia de Groot, Gaia Cerpac, Annette Portegies, Paulien Loerts en de overige medewerkers van uitgeverij Querido ben ik grote erkentelijkheid verschuldigd voor het enthousiasme en de kundigheid waarmee zij van mijn manuscript een boek maakten. Als 'moed' het thema van Allenes leven was, dan was er geen passender uitgever te bedenken dan deze uitgeverij, die vorig jaar besloot op eigen benen te gaan staan en zelfstandig verder te gaan. De mensen in mijn naaste omgeving, ten slotte, zal ik niet bij name noemen, al is het maar omdat ze – tot mijn geluk – bijna dezelfde zijn als bij mijn vorige boeken en inmiddels wel weten dat het verhaal in mijn hoofd nogal eens voorrang krijgt op het leven dat ik met hen deel.

De volgende personen – in willekeurige volgorde – zijn onderweg op alle mogelijke manieren tot steun geweest:

Jamestown
Karen Livsey, Fenton History Center
Barb Cessna, Fenton History Center

Kathleen Crocker en Jane Cadwell
Samuel R. Genco, Lake View Cemetery Association

Pittsburgh
Kelly Linn, Fort Pitt Block House
Bert Lippincott, Pittsburgh Historical Society
Kate Connor, Fort McCoy

New York, Long Island, Newport en omgeving
Frank Ligtvoet en Nanne Dekking
Consuela Almonte, Mission of Pakistan
Rick Hutto
Roberta Maged en Nick Nicholson, The Russian Nobility
    Association in America, Springfield, New Jersey
Linda Beninghove en Doris Oliver, Stevens Institute of
    Technology, New Jersey
Michael Perekrestov, Foundation of Russian History,
    Jordanville NY
Amy Driscoll, Historical Society Locust Valley
Marianne Howard, Planting Fields, Oyster Bay
Simon Forster, Saint John's of Lattingtown Episcopal
    Church, Lattingtown
Dolores en Thomas Gahan, Lattingtown
Robert Mackay, Society for the Preservation of Long Island
    Antiques
Heather Andren, Pomfret School, Pomfret
Kyle De Cicco, Harvard University Library, Harvard
Kathleen M. Sylvia, City Clerk Newport
Bertram Lippincott, Newport Historical Society

Frankrijk
Tanguy de Vienne, Château de Suisnes
Hans Buys, Institute Néerlandais
Pierre Mavoud, Île-de-France
Helena Stork, Salernes/Amsterdam

Zwitserland
Alexandre Vautier-Kotzebue

Duitsland
Woizlawa Feodora prinses Reuss, geboren hertogin zu
   Mecklenburg

Nederland
Tatiana en Hans Crooijmans
Freek Hooykaas
Angela Dekker
Bearn Bilker en Angelika Bilker-Steiner

ADRESSEN

In Jamestown zijn weinig voetstappen van Allene meer te vinden. De smederij van haar oudoom George Tew en de stalhouderij van haar grootvader Smith op respectievelijk de hoek
van Main en Second Street en 19 West Third Avenue zijn er
allang niet meer, en ook het woonhuis aan 32 Pine Street is
verdwenen onder de dromen van volgende generaties. Het
Chautauquameer echter ligt er grotendeels nog even idyllisch
bij als in de dagen dat Allene een jong meisje was.
   Van de pracht en praal van de voormalige miljonairsencla-

ve Allegheny City, die in 1907 werd samengevoegd met Pittsburgh, is evenmin veel meer over. De plek van David Hostetters mansion aan 171 Western Avenue is nu een parkeerterrein. De graven van Tod en Verna in de heuvels zijn er nog wel, zoals ook die van Allenes grootvaders nog altijd te vinden zijn op het Lake View Cemetery. Op de plek aan Raccoon Creek, bij Monaca aan de Ohiorivier, waar Allene en Tod ooit hun houten Hostetter House bouwden, ligt nog de Kobuta-energiecentrale, die er in 1941 bovenop werd gezet.

Allenes eerste adres in New York, The Rosenbaum Mansion aan 5 East 73rd Street, bestaat nog steeds, evenals Tods huis aan 8 East 65th Street. Het laatste gebouw is nu in gebruik als ambassade van Pakistan. Ook het Allene Tew Nichols House aan 57 East 64th Street, dat ze tijdens haar tweede huwelijk door Charles P.H. Gilbert liet ontwerpen, heeft de tand des tijds glansrijk doorstaan. Het was het laatst in het bezit van een bekende Italiaanse modeontwerper, die het herenhuis tot in de puntjes heeft gerenoveerd.

Birchwood, het huis aan Feeks Lane in Lattingtown dat Anson Burchard in 1906 door Howard Greenley liet ontwerpen, bestaat ook nog. Het is in het bezit van een rijk New Yorks echtpaar, dat het gebruikt als tweede huis. Hetzelfde geldt voor de voormalige boerderij van het landhuis aan de overkant van de straat, die ooit het eigendom was van Greta Hostetter. Anson en zij rusten op de Locust Valley Cemetery vlak bij Birchwood; Teddy is te vinden op The Somme Cemetery, de Amerikaanse begraafplaats vlak bij het Noord-Franse Bony.

Het Henry P. Davison House aan 690 Park Avenue, dat Anson en Allene in 1925 kochten, is tegenwoordig in gebruik als ambassade van Italië. 33 Rue Barbet-de-Jouy, het huis met

Allenes geluksnummer, is tegenwoordig het kantoor van de Franse provincie Île-de-France. Château de Suisnes, herdoopt tot Château de Bougainville, is na jarenlange leegstand de afgelopen jaren opgeknapt door een jonge Franse graaf en nu in gebruik als exclusieve trouwlocatie annex hotel. Het appartementengebouw aan 740 Park Avenue is nog steeds een van de meest exclusieve en met de grootste geheimzinnigheid omgeven gebouwen van New York, bewaakt door conciërges wie het zelfs verboden is te vertellen wie de bewoners zijn. Het is niet bekend door wie Allenes voormalige appartementen in dit gebouw nu worden bewoond.

Het Astor Mansion oftewel Beechwood aan 580 Bellevue Avenue in Newport is gedurende de afgelopen decennia onder meer in gebruik geweest als trouwlocatie en als een soort historisch partycentrum. Het werd onlangs verkocht aan een rijke kunstverzamelaar, die er een museum van wil maken. The Waves aan Ledge Road in Newport is tegenwoordig verdeeld in appartementen. Castel Mare in Cap-d'Ail ten slotte is nu gelegen aan 26 Avenue Raymond-Gramaglia. De villa is nog altijd in het bezit van de nicht van Heiner Reuss. Het wordt deels verhuurd, deels gebruikt als vakantiehuis. De hutkoffers waarmee Allene de wereld over reisde zijn nu in gebruik als bijzettafel.

GERAADPLEEGDE KRANTEN EN
TIJDSCHRIFTEN

Country Life in America, New York Journal-American, Liberty Press, Jamestown Journal, The New York Times, Pittsburgh

Post-Gazette, Jamestown Evening Journal, Brooklyn Eagle, The New York Herald, Daily News The World, The Newport Daily News, Eastern Daily Mail and Straits Morning Advertiser, Los Angeles Herald, New York-Daily Tribune, Schenectady Gazette, The Washington Post, The Pittsburgh Press, The London Gazette, Time Magazine, The Chicago Daily Tribune, Echoes from Club-land.

GERAADPLEEGDE BOEKEN EN ARTIKELEN

Allegheny City Society, The, *Allegheny City, 1840-1907.* Charleston, 2007.

Benstock, Shari, *Women of the Left Bank. Paris, 1900-1940.* Austin, 1986.

Benstock, Shari, *No Gifts from Chance. A Biography of Edith Wharton.* Austin, 1994.

Brace, Alfred M., *Americans in France. A Directory.* Parijs, 1926.

Bramsen, Christopher Bo, *Open Doors. Vilhelm Meyer and the Establishment of General Electric in China.* Londen, 2001.

Brown, Eve, *Champagne Cholly. The Life and Times of Maury Paul.* New York, 1947.

Brown Haven, M.B., *The Pittsburgh and Allegheny Blue Book, 1895.* Pittsburgh, 1895.

Bryson, B., *Een huis vol. Een kleine geschiedenis van het dagelijks leven.* Amsterdam, 2010.

Buttrick, James C., en The Jamestown Historical Society, *Images of America: Jamestown.* Charleston, 2003.

Cleverens, René, *De Oranje-erfopvolging rond de eeuwwisseling. Troonpretendenten en huwelijkskandidaten 1898-1909.* Middelburg, 1997.

Crocker, Kathleen, en Jane Currie, *Chautauqua Lake Region*. Charleston, 2002.

Crocker, Kathleen, en Jane Currie, *Jamestown*. Charleston, 2004.

Cutter, William Richard, *Genealogical and Family History of Central New York. A Record of the Achievements of Her People in the Making of a Commonwealth and the Building of a Nation*. Baltimore, 1912.

Davenport, Marcia, *The Valley of Decision*. Pittsburgh, 1944.

De Wolfe Howe, Mark Antony, *Memoirs of the Harvard Dead in the War Against Germany*. Cambridge, 1923.

Dekker, Angela, *Verloren verleden. Een eeuw Russische emigrés in Parijs*. Breda, 2007.

Delmer, Sefton, *De Duitsers en ik*. Utrecht, 1963.

Diffenbacher, J.F., *J.F. Diffenbacher's Directory of Pittsburgh and Allegheny Cities. 1890-1891*. Pittsburgh, 1891.

Downs, John P., en Fenwick Y. Hedley, *History of Chautauqua County, New York, and Its People*. Boston, 1921.

Dunne, Dominick, *The Mansions of Limbo*. New York, 1991.

Durden, W. Kevin, 'World War I from the Viewpoint of American Airmen'. In: *Airpower Journal*, zomer 1988.

Ebersole, Helen G., *Lakewood History*. Lakewood, augustus 1993.

Edwards, Rebecca, *New Spirits. Americans in the Gilded Age, 1865-1905*. Oxford, 2010.

Emmerson, Charles, *1913: The World before the Great War*. Londen, 2013.

Evans, W.W., *Jamestown City Directory for 1875*. Syracuse, 1875.

Fasseur, Cees, *Wilhelmina. De jonge koningin*. Amsterdam, 1998.

Fasseur, Cees, *Wilhelmina. Krijgshaftig in een vormeloze jas.* Amsterdam, 2001.

Fasseur Cees, *Juliana en Bernhard. Het verhaal van een huwelijk. De jaren 1936-1956.* Amsterdam, 2008.

Fitzgerald, F. Scott, *My Lost City. Personal Essays, 1920-1940.* Cambridge, 2005.

Fitzgerald, F. Scott, *The Great Gatsby.* New York, 1926.

Gehrlein, Thomas, *Das Haus Reuss.* Deel III en IV. Werl, 2015.

Genealogisches Handbuch des Adels: Fürstenhäuser XVI. Limburg an der Lahn, 2001.

Gibbons, Boyd, *Wye Island. Insiders, Outsiders, and Change in a Chesapeake Community.* Washington, 2007.

Greenhouse, Steven, 'Janesville Wisconsin'. In: *Granta Magazine,* 8 januari 2010.

Gross, Michael, *740 Park. The Story of the World's Richest Apartment Building.* New York, 2005.

Gutowski, Melanie Linn, *Pittsburgh's Mansions.* Charleston, 2013.

Hatch, Alden, *Prins Bernhard, zijn plaats en functie in de moderne monarchie. Een geautoriseerde biografie.* Amsterdam, 1962.

Holm, Ed, *Yachting's Golden Age, 1880-1905.* New York, 1999.

Homberger, Eric, *The Historical Atlas of New York City. A Visual Celebration of Nearly 400 Years of New York City's History.* New York, 1994.

Hopf, John T., *The Complete Picture Guide to Newport, R.I.* Newport, 1976.

Hutto, R.J., *Crowning Glory. American Wives of Princes and Dukes.* New York, 2007.

Johnson, E.B., *Lineage Book National Society of the Daughters of the American Revolution*. Washington, 1897.

Jong, L. de, *Het Koninkrijk der Nederlanden in de Tweede Wereldoorlog*. Deel 2 en 3. Amsterdam, 1969/1970.

Kaplan, J., *When the Astors Owned New York. Blue Bloods and Grand Hotels in a Gilded Age*. New York, 2007.

Keeler, M.W., *Memoirs of a Yacht Club*. Locust, New Jersey, 1970.

King, G., *A Season of Splendor. The Court of Mrs. Astor in Gilded Age New York*. Hoboken, New Jersey, 2009.

Kotlarek, D., 'Der Geschichte und Naturlandschaft der Ortschaft Trzebiechów/Trebschen'. In: *Krajobrazy Lubuskie*, 2006.

Kotzebue, Rotislav von, en Paul von Kotzebue, *History and Genealogy of the Kotzebue Family*. Parijs, 1984.

Lee, P.B., 'The Pomfret Years: 1914'. In: *The Pontefract*.

Leone, P. en Poshka, M., *Around Chautauqua Lake. 50 Years of Photographs 1875-1925*. Westfield, 1997.

Livsey, Karen E. en Dorothy E. Levin, *Jamestown*. Charleston, 2011.

MacArthur, A., 'Kobuta. A History of the Land'. In: *Milestones*, jrg. 3, nr. 2, voorjaar 1977.

MacKay, R.B., A. Baker en C.A. Traynor, *Long Island Country Houses and Their Architects, 1860-1940*. New York, 1997.

Mayer, F.P., 'North Side. A Day in Old Allegheny'. In: *Pittsburgh Record*, juni 1930.

Moore, A.P. (red.), *The Book of Prominent Pennsylvanians. A Standard Reference*. Pittsburgh, 1913.

Mulder, C.P., en Christiaans, P.A., *Voor Ons en Ons Huis. Meer dan honderd jaar Huisorde van Oranje 1905-2005 (2011)*. Den Haag, 2013.

Nevin, A.M., *The Social Mirror. A Character Sketch of the Women of Pittsburgh and Vicinity during the First Century of the County's Existence*. Pittsburgh, 1888.

Odell, D., 'Bitters Bottles History', 2010 (http://www.bottle-books.com/bitterin.htm).

Paley, Princess, *Memoirs of Russia, 1916-1919*. Londen, 1924.

Parton, James, in *Atlantic Magazine*, 1868.

Post Wheeler, G., en H.E. Reeves, *Dome of Many-Coloured Glass*. New York, 1955.

Radziwiłł, Princess Catherine, *France Behind the Veil*. Londen, 1914.

Rand, A., *Atlas Shrugged*. New York, 1957.

Rappaport, H., *De gezusters Romanov. De verloren levens van de dochters van tsaar Nikolaas II*. Houten, 2015.

Rodriguez, S., *Wild Heart. Natalie Clifford Barney and the Decadence of Literary Paris*. New York, 2002.

Rooney, D., en C. Peterson, *Allegheny City. A History of Pittsburgh's North Side*. Pittsburgh, 2013.

Rutherford, E., *New York*. Londen, 2009.

Samuel, D., *American Expatriates in the 1920's. Why Paris?* Philadelphia, 2007.

Stanford L., *Wicked Newport. Sordid Stories from the City by the Sea*. Charleston, 2008.

Trebge, F.W., *Spuren im Land. Aus der Geschichte des apanagierten thüringisch-vogtländischen Adelshauses Reuss-Köstritz*. Hohenleuben, 2005.

Wharton, E., *The Age of Innocence*. New York, 1920.

Wharton, E., *The Buccaneers*. Londen, 1993.

Winens, M.A., *Social Directory for Greater Pittsburgh*. Philadelphia, 1904.

Wright Mills, C., *The Power Elite*. New York, 1956.

Young, A., *Early Banking from the History of Chautauqua County*, 1875.

Young, J.H., *The Toadstool Millionaires. A Social History of Patent Medicines in America before Federal Regulation.* Princeton, 1966.

Zijl, Annejet van der, *Bernhard. Een verborgen geschiedenis.* Amsterdam, 2010.

Noten & vertalingen

Ten behoeve van de leesbaarheid zijn er in de tekst geen verwijzingen naar noten of vertalingen opgenomen. De noten en vertalingen zijn te herkennen aan het paginacijfer en de eerste drie geciteerde woorden. Alleen de buitenlandse woorden en zinnen die niet in de lopende tekst zijn vertaald of uit de context begrepen kunnen worden, staan hieronder in vrije vertaling.

De in de tekst gebruikte citaten uit brieven van Allene zijn afkomstig uit de circa driehonderd brieven die van haar bewaard zijn gebleven en die in privébezit zijn van respectievelijk Victoria Theisen in München en het Koninklijk Huis Archief in Den Haag. In het kader van de overzichtelijkheid zijn in de navolgende lijst alleen die citaten opgenomen die afkomstig zijn uit openbaar toegankelijke bronnen.

Hoofdstuk 1

12 'the paradise of' Crocker en Currie, 2002, p. 17.
18 'Het eerste ijzeren' *Jamestown Journal*, 26 augustus 1860.
22 'assistant cashier' assistent van de kassier.

23   'How we celebrated' Wat een feest hebben we gevierd! Twintigduizend mensen kwamen naar de boulevard en ze gingen gelukkig naar huis! *Jamestown Journal*, 5 juli 1876.

Hoofdstuk 2

26   'Everyone has the' Iedereen heeft het recht om haar eigen leven te leven, GEEN ander kan de jeugd en vreugde van hun kind verwoesten. Ze proberen met allerlei uitvluchten hun egoïsme te verdoezelen, maar als de dochter of zoon wel het bit tussen de tanden neemt en LEEFT, komt het altijd wel goed met de moeder.

27   'It has been' Crocker en Currie, 2002, p. 72.

27   'the Wealth and' de Rijkdom en de Chic van belangrijke Amerikaanse steden. Leone, p. 18.

29   'a quick wit' Post Wheeler, p. 628.

29   'A blue-eyed blonde' Een blauwogige blondine met uitdagend opgetrokken wenkbrauwen. Gross, p. III.

30   'Charming... rakish... a gay' Gross, p. III.

32   'They can talk' Ze kunnen praten over Shakespeare, maar wat mij betreft heeft de oude Hostetter meer invloed op het nationale leven dan wie dan ook. Young, 1966, p. I.

34   'The Laws of' De wetten der etiquette, of korte regels en beschouwingen voor gedrag in de lagere kringen.

37   'de hel met' Parton, 1868.

39   'Een groot deel' uit: Keylon, baldwinhillsvillageandthevillagegreen.blogspot.nl/2011/07/garden-cities-at-risk-chapter-four.html?m=1

39   'love's disturbing element' het verstorende element van de liefde.

41 'het glinsterend paradijs' Gross, p. 111.

41 'Alle gasten hadden' Buttrick, p. 91.

43 'In haar smaak...' Brown Haven, p. 81.

47 'Rich Woman Falls' Rijke vrouw valt van trap – niet gewond.

48 'a good body' een mooi stuk land. MacArthur, p. 2.

49 'a first-class' MacArthur, p. 9.

50 'Picturesque Racoon Farm' *The Pittsburgh Press*, 6 oktober 1894.

Hoofdstuk 3

51 'He never sat' MacArthur, p. 9.

52 'Inherited wealth is' Geërfde rijkdom is een serieuze handicap voor geluk en is net zo vernietigend voor ambitie als cocaïne dat is voor de moraal. King, p. 54.

53 'Je hebt spelers' *The New York Times*, 30 juni 1911.

53 'It is the' Het is de rijkste stad van de Nieuwe Wereld, en van alle steden ter wereld alleen aan Londen ondergeschikt wat betreft commercieel en financieel belang. King, p. 13.

54 'the nerviest gentleman' *The Evening World*, 7 februari 1903.

55 'Vroeg in de' *The New York Times*, 12 juli 1896.

58 'Roulette was zijn' *The New York Times*, 8 februari 1903.

58 'many a gay' heel wat vrolijke jaren-negentigfeesten. Gross, p. 111.

59 'Theodore Hostetter was' Theodore Hostetter was vooral bekend als zeer toegewijd aan sport. *The Pittsburg Press*, 4 augustus 1902.

60 'Society, always fearful' De hogere kringen, altijd angstig

over Tods wilde manieren, deden nooit veel moeite voor zijn knappe, jonge echtgenote. Gross, p. III.

61 'small affair with' MacArthur, p. 9.

62 'one of the' *The Washington Post*, 8 februari 1903.

62 'Canfield's was the' King, p. 94.

63 'a handsome pair' *The New York Times*, 20 juli 1902.

66 'Theodore Hostetter "The' *The New York Times*, 7 februari 1903.

66 'Ik hield van' *The New York Times*, 8 februari 1903.

67 'Famous Plunger Accepts' Bekende gokker accepteert zijn laatste weddenschap. *The New York Times*, 30 juni 1911.

Hoofdstuk 4

68 'een kleine bol' Bryson, p. 165.

70 'Ik doe niet' King, p. 432.

73 'Morton Colton Nichols' N.N. *Echoes From Clubland*, 12 juli 1904.

75 'retired banker' gepensioneerd bankier.

81 'muckrakers' vuilspuiters.

83 'Her fortune was' Haar fortuin was flink vergroot door haar alliantie met de familie Nichols. *The Washington Post*, januari 1928.

Hoofdstuk 5

85 'one might therefore' Hutto, p. 13.

86 'American women are' Amerikaanse vrouwen zijn intelligent, slim en geweldig kosmopolitisch. Hutto, p. 12.

91 'were spending their' *The New York Times*, 12 november 1912.

91 'well-known in society' *The New York Times*, 22 november 1912.

92 'Widow Is Not' *The New York Times*, 23 november 1912.

93 'wijlen Charles H.,' *The New York Times*, 10 april 1912.

94 'the golden age' de gouden eeuw van veiligheid.

95 'He was the' Gesprek met Anne Walton, 12 september 2015.

95 'dat oude eiland' Fitzgerald, *The Great Gatsby* (vertaling: NRC *Handelsblad*, 16 december 2011).

96 'the wealthy aristocrats' *Country Life in Amerika*, maart 1913.

Hoofdstuk 6

98 'Teddy was een' De Wolfe Howe, p. 350.

99 'spitting image' het sprekende evenbeeld.

101 'He was embarking' Gibbons, 2007.

101 'a liar, a' Idem.

102 'A Chrysanthemum Wedding' Een chrysanten bruiloft. *The New York Times*, 25 oktober 1914.

103 'Heir to Austria's' *The New York Times*, 29 juni 1914.

106 'met messen te' Post Wheeler, p. 478.

108 'Flying aces' Vliegers die minstens vijf vijandelijke vliegtuigen hebben neergeschoten.

108 'The RFC attracted' Lewis, *Sagittarius Rising*, 1936.

109 'It's a great' Het is een fantastisch leven, moeder, als je in je eentje vliegt met niets om je druk over te maken, de hele hemel voor je en niet veel werk te doen. Als deze oude oorlog ooit stopt, zal ik dat heel jammer vinden. Ik heb het zo naar mijn zin! Allen Parr aan zijn familie, 6 februari 1918, *Dwight Papers*.

110 'unsportsmanlike' onsportief.

113 'Lieutenant Hostetter was' De Wolfe Howe, p. 352.

116 'We flew together' We vlogen samen, in de hoge blauwe lucht / We vochten samen, met bommen en geweren / We aten samen, in de officiersmess / We dansten samen, bij een oude microfoon // We liepen samen, in de velden van Frankrijk / We praatten samen, over thuis en over morgen / We vlogen samen, in de hoge blauwe lucht / Velen zijn gedood. De wereld is niet beter. Curtin Kenny en Dale M. Titler, 'I flew a Camel', Philadelphia, 1972, p. 65.

Hoofdstuk 7

117 'There were flowers' Er waren bloemen en het was zo vredig.

118 'Harvard graduate fails' Harvard-alumnus niet teruggekeerd van luchtaanval. *Muncie Star*, 23 oktober 1918.

118 'sad but proud' trieste maar trotse plicht. *The Pontefract*, 16 november 1918.

118 'Death Card made' Dossier T.R. Hostetter, Harvard University Library.

120 'New York had' Fitzgerald, *My Lost City*, p. 12.

120 'Het doet me' Brief bij paspoortaanvraag, 18 februari 1918, ancestry.com.

122 'for his honorable' voor zijn eerbare staat van militaire dienst.

123 'This is without' Dit is zonder uitzondering het slordigste en meest ongeletterde werk dat ik ooit heb gezien. Gibbons, 2007.

125 'sustaining member' vriend van het museum.

127 'If America has' Als er een paradijs is in Amerika, dan is het hier. *The New Republic*, 1927.

127 'genius in financial' Bramsen, p. 141.

128 'extremely wealthy' Bramsen, p. 324.

128 'a delightful house' een heerlijk huis.

130 'the richest and' Gross, p. 113.

130 'Everyone has sadness' Iedereen heeft verdriet en problemen en is blij met vrolijk en plezierig gezelschap.

Hoofdstuk 8

133 'tief einschneidender Ereignis' een diep ingrijpende gebeurtenis. Henry Reuss XXXIII aan N.N., 21 augustus 1928.

134 'Ik heb me' Idem.

134 'Mijn verloofde is' Idem.

134 'Ik heb het' Idem.

136 'one of the' een van de mooiste, charmantste en intelligentste vrouwen van Parijs. Radziwiłł, p. 346.

139 'intelligent, *good looking* en' Cleverens, p. 102.

141 'Vanaf volgend jaar' Henry Reuss XXXIII aan N.N., 21 augustus 1928.

142 'al deze zaken' Idem.

142 'Tijdens haar verloving' Post Wheeler, p. 628.

143 'Mrs. Burchard ... is' *The New York Times*, 28 oktober 1928.

143 'een drijvend paleis' *The New York Times*, 13 januari 1929.

143 'Prince is to' *The Washington Post*, 26 januari 1929.

144 'Prince Henry was' *Time Magazine*, mei 1929.

145 'überhaupt nicht wilkommen' in het geheel niet welkom in de familie. Gesprek met B. Bilker en A. Bilker-Steiner met Woizlawa Feodora prinses Reuss, hertogin zu Mecklenburg, 14 augustus 1914.

149 'For Sale, Cheap' Te koop: goedkoop, mooi, oud chateau, 1 uur van Parijs; oorspronkelijke lambrisering, 6 nieuwe badkamers. Eigenaar gedwongen retour New York woensdag. Onmiddellijke contante betaling vereist. Bereid met verlies te verkopen. 14 december 1929, Benstock, 1994, p. 118.

153 'painfully wrought' krampachtig in elkaar gezet. *Time Magazine*, april 1931.

153 'There is so' Er is zoveel droevigheid en ellende in de wereld, aan ons hart wordt voortdurend getrokken en ook aan onze portemonnee, maar dit leven is een school.

153 'I think a' Ik denk dat een hoed geweldig belangrijk is voor een vrouw, je kunt een oude jurk dragen als de hoed maar nieuw is.

Hoofdstuk 9

155 'Rache, Rache und' Kotlarek, 2006.

157 'Der Verbindungsstab der' De verbindingsstaf van de ss lijkt mij geschikt, nog afgezien van mijn gevoel van verbondenheid met de ss. Henry Reuss aan Reichsführer ss Himmler, 23 november 1933, geciteerd in Kotlarek, 2006.

158 'von der Last' van de last en verplichtingen van de staat.

158 'Hier ist es' Hier is het rustig, maar het belangrijkste: men slaapt hier heerlijk!

159 'Henry was in' Gross, p. 114.

164 'De nieuwe minister' Princess Paley, hoofdstuk 9.

164 'which he enjoys' wat hij ontzettend leuk vindt. *The New York Times*, 27 maart 1917.

164 'boyish interest' Idem.

164 'her real illness' Idem.

Hoofdstuk 11

194 'I miss you' Ik mis je voortdurend en merk dat ik constant over je praat.

197 'Do not feel' Denk niet dat de Russen oorlog willen, ze krijgen alles ook wel zonder.

197 'Hoe dieper ik' Benstock, 1994, p. 235.

198 'It made me' Het stemt me zo triest, duizenden bij de wortels afgerukt, binnenkort zullen de bossen blootgelegd zijn, zo gedachteloos en wreed.'

198 'I will enjoy' Ik zal genieten van de rust op de boot.

198 'a very vibrant' *Chicago Daily Tribune*, 31 juli 1955.

199 'a very social' een heel sociaal leven, waarbij ze gasten ontvangen en zelf royaal onthaald worden. Kotzebue, p. 268.

200 'Saw him at' Zag hem op het station toen ik Olive ging afhalen, hij zag er blij en vrolijk uit.

201 'Mijn jarenlange vriendin' Post Wheeler, p. 629.

203 'No one could' Niemand zou harder kunnen werken voor dit land dan koningin Wilhelmina.

203 'which I thought' wat ik alleraardigst van haar vond.

204 'I do the' Ik zorg voor het eten, miss Brown voor de tuin en Paul voor het hout.

Hoofdstuk 12

210 'A live court' *Chicago Daily Tribune*, 31 juli 1955.

211 'Took Burchard name' Nam de Burchard-naam aan, erft miljoenen. *The New York Times*, 30 juni 1928.

212 'Heirs at Law' Case no. 9400, Probate Court City of Newport.

212 'a retinue of' Gross, p. 186.

216 'China and glass' Porseleinen servies en glaswerk aan prins Lippe gegeven.

216 'the endlessly changing' de voortdurend veranderende stemmingen van de mistige Atlantische Oceaan en de hele nacht het geluid van de golven tegen de klippen. Benstock, 1994, p. 133.

217 'een bezoek aan' In diverse kranten, onder meer *Nieuwsblad van het Noorden* en *Leidsch Dagblad*, 10 april 1952.

218 'om te bemiddelen' 'Gossip in the Palace', knipsel uit onbekende krant, 14 oktober 1956.

222 'Bad day for' Een slechte dag voor mij, maar veel liefs. Wanneer denk je dat je kunt vertrekken?

223 'undue influence' ongepaste beïnvloeding.

224 'The driver is' *The New York Times*, 10 december 1955.

225 'Now I am really' Nu ben ik echt rijk. Kotzebue, p. 268.

226 'Ik heb geheimen' Idem.

227 'd'oeillets roses et' roze en witte anjelieren.

228 'Ik vond haar' Gesprek met Anne Walton, 12 september 2015.

228 'very weedy' slungelig, spichtig, sprietig.

Epiloog

231 'Take life as' Maak je zo min mogelijk druk in het leven, je gezondheid is het beste geschenk.

Gedachten bij dit boek

236 'de verwende samenleving' Frank Koerselman, 'We willen er zo graag toe doen'. In: *de Volkskrant*, 26 januari 2011.

Personenregister

Vorstelijke personen zijn uitsluitend onder hun voornaam opgenomen.

Ackermann, Dr. 222
Aleksej N. tsarevitsj (kroonprins) van Rusland (1904-1918) 163, 164
Alexandra Fjodorovna tsarina (keizerin) van Rusland (1872-1918)
  162, 163
Archer (gehuwd Stewart), Cecile 'Jacqueline' (1888-1964) 123
Arenberg, Valerie Marie hertogin von (1900-1953) 200
Armgard prinses zur Lippe-Biesterfeld (1883-1971) 161, 172, 175, 180
Aschwin prins zur Lippe-Biesterfeld (1914-1988) 203, 216
Astor, Caroline (Caroline W. Schermerhorn, 1830-1908) 33, 34, 40,
  42, 46, 74, 81, 188, 215
Astor, John Jacob (IV) ('Jack') (1864-1912) 81, 88
Astor, William Waldorf (1848-1919) 57
Austin, Warren R. (1877-1962) 200

Bateman, Marion zie Graham
Beatrix ('Trix') prinses der Nederlanden (1938) 183, 203, 218

Coffin, Charles Albert (1844-1926) 90, 91, 96, 97
Cohu, Henry Wallace ('Wally') (1897-1983) 126, 207, 213, 215, 224
Cohu, Kitty *zie* Kimball
Coolidge, J. Calvin (1872-1933) 147
Cromwell, Benedict 107

Dadiani, G.N. ('George(s)') (1912-1985) 186, 211
Dadiani, Lucy *zie* Tew
Dadiani, N. prins (1879-1939) 186
Dalí, Salvador (1904-1989) 177
Davison, Henry Pomeroy (1867-1922) 127
Dietz (gehuwd Nichols), Ethel S. (1888-1985) 82
Dior, Christian (1905-1957) 198
Dulles, John Foster (1888-1959) 200
Dupuy, familie 101

Edison, Thomas (1847-1931) 27, 69, 90
Edward (VIII) kroonprins (koning) van het Verenigd Koninkrijk van
    Groot-Brittannië en Ierland (1894-1972) 201
Eisenhower, Dwight D. ('Ike') (1890-1969) 200, 217

Fish, Mamie (M.G. 'Mamie' Anthon, 1853-1915) 47
Fitzgerald, F. Scott (1896-1940) 95, 97, 120, 150
Franz Ferdinand (1863-1914) 103
Frick, Henry Clay (1849-1919) 60

Gainsborough, Thomas (1727-1788) 128
Garfield, James A. (1831-1881) 27
Gates, John W. (1855-1911) 60
George V koning van het Verenigd Koninkrijk van Groot-Brittannië
    en Ierland, keizer van India (1865-1936) 87

Montebello, Gustav Olivier Lannes *comte* (graaf) de 136
Morgan, J.P. (John Pierpont, 1837-1913) 79, 90

Napoleon III keizer der Fransen (1808-1873) 136
Nichols, Morton Colton (1870-1932) 72-75, 77, 79, 80, 82, 152
Nichols, Ruth (1901-1960) 152
Nichols, William Snowden (?-1905) 72, 74, 75
Nicolaas II tsaar (keizer) van Rusland (1868-1918) 162-164, 166
Niehans, Dr. P. (1882-1971) 221
Norton, Charles Eliot (1827-1908) 69

Oelrichs, Tessie (T.E. 'Tessie' Fair, 1854-1926) 47
Olmsted, F.L. (1822-1903) 115

Pantchoulidzew, Alexis ('Tschuli') (1888-1968) 161
Parsons, Hinsdill (1864-1912) 90, 91
Paul prins van Joegoslavië (1893-1976) 200
Paul, Maury (ps. Cholly Knickerbocker, 1890-1942) 159, 168
Pecci(-Blunt), Anna L. gravin (1885-1971) 177, 185
Pope, John Russell (1874-1937) 216
Prendergast, familie 12-14, 20
Prendergast, James (1764-1846) 13, 15
Prendergast, Nancy (A. Thompson, 1771-1839) 13

Raspoetin, Grigori Jefimovitsj (1869-1916) 162, 163, 165
Reuss, Henry *zie* Heinrich
Rhodes, Joshua (1824-1909) 65
Rice, Edwin (1862-1935) 91, 93
Richthofen ('*der Rote Baron*'), Manfred von (1892-1918) 108
Rockefeller, John D. jr. (1874-1960) 32, 184

Fotoverantwoording

De foto's in dit boek zijn voor zover mogelijk opgenomen in overleg met de rechthebbenden. Wie verder rechten kan doen gelden, wordt verzocht contact op te nemen met de uitgeverij.

Bronnen fotokatern 1

p. 1, foto boven: Victoria Theisen, München.

p. 2: Victoria Theisen, München.

p. 4: Ed Holm, *Yachting's Golden Age, 1880–1905*, p. 119.

p. 5: Library of Congress, Prints & Photographs Division, Detroit Publishing Company Collection, LC-D4-62111.

p. 13, foto linksonder: S.C. Williams Library, Archives and Special Collections; Stevens Institute of Technology, Hoboken, New Jersey.

p. 14, foto onder: Anne Walton, Londen.

p. 15: Irving Underhill.

Bronnen fotokatern 2

p. 5, foto boven: Julian P. Graham/Loon Hill Studios.

p. 6, foto rechtsboven: Rotislav von Kotzebue, *History and Genealogy of the Kotzebue Family*, p. 265.

p. 7, foto links: Tekening met dank aan Steven Candela.

p. 7, foto rechts: Koninklijk Huis Archief, Den Haag.

p. 9: Nationaal Archief/Collectie Spaarnestad, fotograaf onbekend.

p. 10: Nationaal Archief/Collectie Spaarnestad, Wiel van der Randen.

p. 12: Nationaal Archief/Collectie Spaarnestad/*Het Leven*, fotograaf onbekend.

Ander werk van Annejet van der Zijl

Jagtlust (1998)
Anna. Het leven van Annie M.G. Schmidt (2002)
Sonny Boy (2004)
Bernhard. Een verborgen geschiedenis (2010)
Moord in de Bloedstraat (2013)
Gerard Heineken. De man, de stad en het bier (2014)